José Antonio Landa

Es liegt in Deiner Hand.
Tu's!

Es liegt in
Deiner Hand.
Tu's!

erschienen in der
Edition Landa
Köln, Dezember 2007

ISBN 978-3-00-022955-8

Titelillustration:
Brigitte Karp

Entwurf, Satz und Produktion:
Ic1 · Michael Garling
Büro für Kommunikationsdesign

1. Auflage 1 – 5 000
Printed in Austria

Danke

Ich habe mich bei vielen Menschen, denen ich begegnet bin und die mir auf meinem Weg geholfen haben, zu bedanken. Ausdrücklich bedanke ich mich auch bei den Menschen, die mir Hindernisse in den Weg legten, die für mich Lernphasen darstellten.

Stellvertretend für alle möchte ich nennen: Meine Eltern Anna und Roberto Landa, meine Frau Claudia, meine Geschwister Annamaria und Roberto, Jörg Aichmann, Claudia und Dirk Bunzel, Herbert Clöser, Johannes-Joachim Fahl, Margret Falcorner (Großbritanien) Silvia und Gerhard Fester, Frank Früssmer, Christa Garbe, Heiko und Familie, Brigitte Karp, Reinhard Kersky, Reinhard Kijewski, Claudia und Michael Oeffner, Franz Olbrich, Adrian Parche, Bernd Herbert Reimer, Eva Skeyde und deren »Bande« Julia Schimanowski und Familie, Angelika, Linda, Sabrina und Stefan Vossbruch, alle meine Lehrer und Mitschüler, meine alte Clique und meine Hunde Billitis Wuff und Chica Wuff Wuff.

Einen Platz in meinem Herzen hat auch der Heiler, der 1995 vor dem Bundesverfassungsgericht für uns alle obsiegte!

José Antonio Landa,
Weihnachten 2007

Inhalt

Anhang:

Vorwort

Ich lernte Antonio Landa und seine Frau Claudia über eine Tierheilpraktikerin kennen, die mein allergisch erkranktes Pferd Calimero behandelte. Diese Tierheilpraktikerin machte mit ihren alternativen Methoden mein Pferd wieder gesund und während einer Weiterbildungsveranstaltung mit ihr sah ich die beiden zum erstenmal. Antonio stellte dort seine Arbeit vor, die mich begeisterte.

Als ich zum erstenmal mit eigenen Augen sah, wie er Beinverkürzungen von zwei bis drei Zentimetern in wenigen Minuten heilte, war ich wie mein ältester Sohn hellauf begeistert. Antonio sagte nur lapidar: »Das kannst Du auch, wenn Du das willst!« Ich hatte bereits eine gründliche Ausbildung in Reiki und vertiefe meine Kenntnisse immer weiter. Antonio hat auch meine Rückenschmerzen, die ich bis dahin mit Ibuprofen ausschaltete, erfolgreich beseitigt.

Es entwickelte sich auf weiteren Seminaren eine Freundschaft zwischen unseren Familien und Antonio heilt seit Jahren in meiner Praxis – in regelmäßigen Abständen von zwei bis drei Monaten – meine Patienten mit Rücken-, Hüft- oder Beinproblemen. Immer mehr fragen nach ihm. Sie kommen aus einem Umkreis von hundert Kilometern oder mehr. 30 bis 40 Menschen behandelt und heilt er dann bei jedem Besuch.

Um meine eigenen, lästigen Allergien auszuschalten, suchte ich einen ehemaligen Richter am Amtsgericht auf, der jetzt als Heilpraktiker arbeitet, und dieser half mir mit seinem Pendel, meine Allergien zu lindern. Mein Vertrauen in solche Menschen wuchs, so daß ich seit 2004 in meiner Praxis ein – auch aus der alternativen Medizin stammendes – Bioresonanztherapiegerät zur Feststellung von Allergien benutze. Es ist ganztägig ausgelastet. Ein großer Erfolg für uns war die vollständige Heilung eines zwei Wochen alten Säuglings. Infolge einer Milchallergie war sein kleines Gesichtchen völlig zerkratzt. Er sollte eigentlich sein Leben lang von Diätprodukten leben! Heute ißt er alles, was andere Kinder auch essen. Seine Gesichtshaut ist rein, wie die Haut eines kleinen Kindes rein und glatt sein muß!

Ich kann nicht in die Zukunft schauen. Aber ich bemerke, wie die Aufgeschlossenheit der Patienten auch im ländlichen Raum wächst, sich Heilpraktikern und Geistheilern anzuvertrauen.

Ich erweitere meine ärztliche Kunst mit oben genannten Methoden, die wissenschaftlich nicht nachweisbar und damit auch nicht von jedermann reproduzierbar sind. Trotz hundert- oder tausendfach erfolgter Heilung übernehmen die Krankenkassen die Kosten nicht. Sie stehlen mir dafür die Zeit mit medizinbürokratischen Schreibarbeiten und verzögern bei den Patienten die Heilung durch knallhart verknappte Budgets.

Meine Devise lautet: »Wer heilt, der hilft!« Deshalb lade ich Antonio immer wieder gern und ohne Futterneid in meine Praxisräume und Sie zum Lesen dieses Buches ein!

Johannes-Joachim Fahl

Jahrgang 1956, Abitur in Münster, Medizinstudium in Gießen, 1985 Staatsexamen, Ausbildung zum Facharzt für Innere Medizin am Katholischen Krankenhaus in Lippstadt, seit 1993 eigene Praxis als Praktischer Arzt in Delbrück/Westfalen

Der Unfall

Es ist ein Sommertag im Juli 1997. Ein Sommertag, wie er im Buche steht. Kurz vorher hatte ich mir einen Piaggio-Roller, 80 Kubikzentimeter, gekauft. Ich war rundum mit mir und der Welt zufrieden. Ein weiterer Jugendtraum hatte sich erfüllt: Ich besaß einen nagelneuen Piaggio!

Ich fahre also von unserer Wohnung zu unserem Damen-Fitness-Studio, das wir – Claudia und ich – ein Jahr zuvor eröffnet hatten. Irgendwie gab es schon Anzeichen dafür, daß das ein besonderer Tag werden würde. Beim Aufsetzen des Schutzhelmes hatte ich plötzlich das Gefühl, von der Außenwelt völlig abgeschirmt zu sein, wie ein Astronaut oder so. Sonst war es, als setzte ich mir eine Mütze auf. Heute ist das anders. Ich kann es mir nicht erklären.

Ich nehme wie immer meine Abkürzungen, was mit dem Roller kein Problem ist. Auf einer größeren Kreuzung nimmt mir dann ein Auto der Stadtwerke die Vorfahrt. Ich bin mit 70 Sachen unterwegs. An eine Vollbremsung wie mit einem richtigen Motorrad war nicht zu denken; die Rollerräder sind viel zu klein dafür. Ein Frontalaufprall ist unvermeintlich.

Und jetzt kommt was Unglaubliches: Noch bevor der Aufprall geschieht, empfinde ich ein geradezu euphorisches Glücksgefühl! Stelle dir vor, ein glücklicher Unfall! Verrückt, stimmt es? Ich habe keine Angst. Mir ist so, als wäre ich an dem Unfall gar nicht beteiligt. Ich bin einfach nur grenzenlos zufrieden.

Ich bleibe nicht am Lenker hängen – wie bei Motorradunfällen üblich –, sondern fliege über ihn hinweg und krache in die Windschutzscheibe.

Mein Körper drückt sie so weit hinein, daß zwischen Scheibe und Kopf des Fahrers grad mal ein Blatt Papier Platz fände. Der Schwung reicht aus, um noch auf das Dach zu krachen und anschließend kopfüber auf dem Asphalt zu landen. Das Glücksgefühl hält an. Ich bekomme alles genau mit. Mein Sturzhelm bewahrt mich vor einer Kopfverletzung. Ich trage ein T-Shirt, eine kurze Hose, dünne Lederhandschuhe und leichte Turnschuhe!

Aber ich bin unverletzt, einmal abgesehen von einer kleinen Schnittwunde an der linken Schulter, die ich mir durch die Glassplitter auf der Straße zugezogen hatte. Ich bleibe reglos auf der Straße liegen, bewege mich nicht. Erst jetzt geht das Glücksgefühl, das High-Gefühl weg. Ich bin wieder normal.

Ich fühle keine Schmerzen, habe aber den Wunsch, mich nicht zu bewegen. Ich hätte es schon gekonnt, ich war voll einsatzfähig. Aber ich wollte nicht! Ich habe die entstandene Situation komplett ausgekostet. So nach dem Motto: »Ich kriege das schon wieder hin!« Ich habe mich zum aller ersten Mal in meinem Leben nicht eingemischt. Ich habe alles geschehen lassen, verstehst du. Ich habe es ausgekostet, daß andere sich um mich kümmern mußten.

Ich werde noch erzählen, was ich in meinem bisherigen Leben alles so ausprobiert habe und was davon in die Hose ging. Normalerweise hätte ich alles in die Hand genommen und hätte auch für alles wieder eine Erklärung gehabt. Dieses Mal nicht. Meine Augen sind geschlossen, ich gebe nur ein Zeichen, daß ich am Leben bin, und ich warte, was noch passiert.

Den Bemerkungen der Passanten nach mußten etwa zwanzig Minuten vergangen sein, bis der Notarztwagen da war. Als erstes bekomme ich zur Begrüßung sozusagen eine Ladung Sandregen über den Körper und ins Gesicht. Die Decken, mit denen sie mich zudecken wollen, waren wohl gerade erst im Einsatz gewesen. Oder wollen die mich hier schon begraben? Der Arzt checkt mich kurz durch, er spricht auch mit mir, und ab geht es ins Krankenhaus. Während der Fahrt bleibe ich schmerzfrei, ein merkwürdiges Gefühl begleitet mich. Im Krankenhaus das übliche Hin- und Herschubsen der fahrbaren Liege, dann werde ich endlich geröntgt.

Kurz darauf kommt Claudia, die nach mir losgefahren war, den Roller am Straßenrand liegen sah und sich natürlich Sorgen gemacht hatte. Die Polizei sagte ihr, wo sie mich finden könnte. Als meine Schnuffel (Claudia) vor mir stand, kamen mir die Tränen. Mir ist das irgendwie peinlich, denn eigentlich ist ja nichts passiert. Und doch weiß ich: etwas Grundlegendes hatte sich in meinem Leben verändert – aber was?

Außerdem stellen wir in dieser Situation fest, daß Claudia im Falle meines Todes oder einer schweren Erkrankung völlig hilflos gewesen wäre, denn wir waren zu dem Zeitpunkt noch nicht verheiratet. Ein Jahr später sind wir Mann und Frau. Claudia hatte schon Jahre mit mir zusammen gearbeitet und ihr ganzes Herzblut bereits ins erste Fitnessstudio gesteckt. Damals waren die Gesetze noch so, und wir zogen die Schlußfolgerung und schlossen eine Ehe. Geliebt haben wir uns schon lange. Mit der Ehe war Claudia abgesichert.

Aber zurück in die Klinik. Die Ärzte wollen nicht glauben, daß ich unverletzt bin. Sie entlassen mich nach zwei, drei Stunden. Ich gebe ihnen das Versprechen, mich noch eine Weile zu schonen. Und dieses Mal halte ich es auch und bleibe zirka zwei Wochen daheim. Natürlich hätte ich mich im Studio auf irgendeinen Stuhl setzen und meine Arbeit machen können. Doch irgendwas in mir sagt: Nein! Irgendwas bremst mich. Ich höre auf meine Intuition. Das war schon komisch. Was mir noch nie passiert war: Ich hatte plötzlich Zeit ohne Ende.

Die nächste Überraschung: Claudia steht mit einem Buch in der Hand vor mir im Halbschatten der Terrasse. Als Legastheniker mit enormen Schreib- und Leseschwächen hatte ich noch nie ein Buch durchgelesen! Ich las, wenn überhaupt, immer nur satzweise, kurze Auszüge, um den Lehrern eine gewisse Bereitschaft zu zeigen. Selbst nach 25 Jahren lese ich Gebrauchsanleitungen nie komplett, immer nur das Nötigste. Claudia besorgte mir das Buch auf Empfehlung von Kundin Christa Garbe mit dem ausdrücklichen Hinweis darauf, »daß dieses Buch mich fesseln würde«. Ich schaue Claudia verwundert an, denn sie weiß ja, daß ich wirklich noch nie freiwillig…

Sie drückt mir das Buch mit dem Hinweis in die Hand: »Ich mache nur das, was mir gesagt wurde!« Ich entziffere den Titel: »Die Prophezeiungen von Celestine«. Autor ist ein gewisser James Redfield. Im Untertitel steht: Ein Abenteuer. Im Klappentext lese ich mit viel Mühe und Ausdauer: »Dieses Buch handelt von der Suche nach einer über 2000 Jahre alten Handschrift, die sich in Peru befinden soll, eine Handschrift, die neun grundlegende Einsichten in unser gegenwärtiges Dasein enthält sowie spektakuläre Wege in eine spirituelle Zukunft aufzeigt. Die Suche erweist sich jedoch als ein gefährliches Abenteuer, da Kirche und Staat die Veröffentlichung des Manuskripts mit allen Mitteln zu verhindern suchen. Denn die Handschrift enthält Erkenntnisse, die zu einer Transformation (Veränderung) des gesellschaftlichen Bewußtseins führen«.

Da habt ihr es. Ich sitze – krankgeschrieben – auf meiner Sonnenliege und habe ein 300 Seiten dickes Buch auf den Knien. Ich hatte schon einige Dinge in meinem Leben falsch gemacht, sollte ich nun auch noch anfangen zu lesen? Aber unsere Kundin hatte darauf bestanden, und Claudia hatte mir ein Versprechen abgenommen. Ich fange also an zu lesen und lege es erst aus der Hand, als ich es durch hatte. Emotionslos könnte ich sagen, daß in dem Buch Dinge besprochen werden, die ich so oder so auch schon erlebt hatte. In Wirklichkeit hatte es mich so in seinen Bann gezogen, daß ich bereit war, mein ganzes Leben völlig umzukrempeln.

Und jetzt wollt ihr natürlich wissen, was mich da so umgehauen hat! Weshalb ich zum ersten Mal in meinem Leben ein Buch von vorne bis hinten durchgelesen habe.

In gewisser Weise lese ich die Geschichten in dem Buch wie meine eigenen Erinnerungen. Ja, das habe ich schon erlebt, das habe ich ähnlich erlebt oder gesehen. Ja, das eine oder andere trage ich schon lange in mir. Wirklich?

Bittere Kindheit im Baskenland

Kann eine Kindheit bitter sein oder süß? Was ist durch die Erinnerung verklärt, geschönt? Oder urteilt man nach einem halben Menschenleben ungerecht gegenüber der vergangenen Wirklichkeit?

Die erste Erinnerung an meine Kindheit ist wie ein Foto von einer Wiese, einer ganz großen Wiese hinter dem Haus. Meine Hand ist blutig. Ich habe sie mir am messerscharfen Gras verletzt. Ich bin panisch, weil keiner da ist, der mir helfen kann. Ich wische das Blut an meiner Hose ab. Natürlich bekomme ich mit meiner Großmutter Ärger. Die Mutter ist schon in Deutschland. Sie muß Geld verdienen. Der Vater sitzt (unter Generalissimo Franco) im Gefängnis. In einer Diktatur ist es leicht, einen Menschen hinter Gitter zu bringen. In dem Fall wegen angeblicher Steuerhinterziehung. Mein älterer Bruder hat die Mutter in ihr Heimatland begleitet. Er war nicht eben leicht zu händeln, um es etwas untertrieben zu beschreiben.

Mit meiner Schwester lebe ich also bei meinen spanischen Großeltern in Renteria, einem stinkenden Industrievorort von San Sebastián. Geboren wurde ich in einem anderen Vorort, in Alza Buena Vista. Die Luft ist verpestet von Schwefel- und Güllegestank, zu dem eine Papierfabrik und andere Werke ihren Beitrag leisten. Hinter unserem Haus ging es den Berg hinunter zum Frachthafen von San Sebastián mit all seinen Gerüchen, die den Berg hinaufzogen.

Ich habe das Spanien von damals nicht als das Land der blühenden Zitronenbäume, Fröhlichkeit und Gesang in Erinnerung. Hinzu kam noch die Unruhe durch die Politik, brennende Autoreifenbarrieren, Plakat- und andere Aktionen der ETA, der baskischen Separatistenbewegung, die schon unter Franco für ein autonomes Baskenland kämpfte. Die baskische Sprache war verboten, natürlich auch die Flagge der Basken, die »Ikurrina«. Razzien der Polizei waren an der Tagesordnung, Basken wurden reihenweise in den Knast geschickt.

Die ganze Zeit war hektisch, immer waren irgendwelche Leute auf der Flucht vor der Polizei. Und wir Jungs rannten so schnell wir konnten davon, denn die Polizei, die noch nicht über Gummigeschosse verfügte, knüppelte auf alles, was nicht schnell genug war. Als kleines Kind kannte ich ja nicht die Zusammenhänge, und so grub sich diese Zeit irgendwie als düster in mein Gedächtnis ein. Meine Seele wurde nachhaltig verletzt.

Es ist wichtig, was ich hier sage. Damals verstand ich es nicht, heute verstehe ich das und gebe auch keinem die Schuld an den Zuständen. Es hat zu meiner Entwicklung dazugehört, zu meinem Erfahrungsschatz. Weil meine Seele verletzt wurde, weiß ich, wie wichtig eine heile Seele ist, wie wichtig es ist, Seelen, die verletzt sind, wieder zu heilen. Ich sammelte schon als Kind Erfahrungen, die die meisten Kinder zum Glück nicht auf diese Weise machen müssen. Ich entwickelte aber auch Taktiken, um mich gegen negative Einflüsse zu wehren: Ich sabotierte Entscheidungen von Erwachsenen.

Jeder macht mal schlechte Erfahrungen, ohne sein Handeln entsprechend zu verändern. Ich tat das aber. Und weil ich so früh Menschenkenntnisse erwarb, kann ich seelisch verletzte, kranke Menschen gut verstehen und ihnen in ausweglosen Situationen helfen. Ich habe auch reagiert, indem ich krank wurde, indem ich Situationen veränderte, mit denen die anderen dann erst einmal klarkommen mußten. Ich habe früh erkannt, wenn es Menschen um mich herum nicht gut mit mir meinten.

Wenn man das erkennt, kann man manches Unheil einfacher vermeiden. Ich erkannte schnell meinen Platz in der gesellschaftlichen Hackordnung. Warum bilden denn Kinder oder Jugendliche in unseren Vororten, Großstädten, Krisen- oder Kriegsgebieten Banden? Sie wehren sich gegen die Umstände, sie geben sich selber Halt, weil sie die Umstände, in die sie die Erwachsenen gebracht haben, nicht verstehen und niemand ihnen den Irrsinn erklären kann. Sie haben Angst. Sie wollen am Leben bleiben.

Wobei ich allerdings für mich entschieden habe, selbst nie Gewalt anzuwenden. Bis heute habe ich mich nicht ein einziges Mal geprügelt. Von dem einzigen Fausthieb, den ich austeilte, erfahrt ihr gleich. Ihr werdet auch hören, wie oft ich selbst in meinem Leben zu Unrecht Prügel bezogen habe. Dennoch habe ich nie mit Gewalt geantwortet. Dafür habe ich meinen Verstand geschult, um zu sehen, wie ich aus der Situation herauskomme. Das ist auch ein Ratschlag von mir an alle Politiker.

Weiter erinnere ich mich an meinen ersten Freund, einen gleich kleinen Jungen, der aber viel abgewichster war als ich, »abjepitscht«, wie der Kölner sagt. Er hieß Francesco. Er war der Organisator, ich der Mitmacher. Wir stopften die Auspuffrohre von den damals noch seltenen Autos zu, wir machten Klingelmäuschen, wir warfen auch Steine auf vorbeifahrende Züge, wir bauten einen Dietrich, um Türen von Toiletten zu verschließen, damit die Eingeschlossenen wütend wurden. Alles Kinderstreiche, die, so weit ich weiß, immer gut ausgingen.

Ich habe den ständigen Zigarrengeruch in der Nase. In den Bars saßen rauchende Männer, die Wein tranken. Das sehe ich noch genau vor mir: Ich hole meinen Großvater aus der Bar zum Mittagessen ab und bekomme da schon mal einen Schluck Alkohol zu trinken: »Txikito«, ein kleines Glas Rotwein, für mich gestreckt mit süßer Zitronenlimonade. Vielleicht fragt der eine oder andere jetzt, lebte denn der kleine Antonio in dem gleichen Baskenland, das ich kürzlich besuchte und das man sich so schön wie die Schweiz oder wie Österreich vorstellen muß?

Ehrlich gesagt, weiß ich das erst aus meinen Besuchen im Erwachsenenalter. Ich kenne auch den Atlantik, der mit großer Wucht auf die baskische Küste trifft. Das ist nicht das Mittelmeer, das ist der Atlantik, ein ganz rauhes Meer. Keiner kann sich hier auf viele Monate Sommer mit Sonnenschein einstellen. Hier gibt es den »Zirimiri«, einen lästigen Nieselregen. Deswegen nennt man die Nordspanier auch die Engländer Spaniens. Sie gehen oft mit dem Regenschirm. Schau mal auf die Wetterkarte Europas. In nordwestlicher Fortsetzung der Pyrenäen liegt die Biskaya. Dort bilden sich die Tiefdruckwirbel, die das Wetter auch um San Sebastián und Bilbao herum so wechselhaft sein läßt. Bis heute kommen deshalb die betuchten Spanier im Sommer aus dem Süden in mein baskisches Geburtsland, weil es hier auszuhalten ist. Der Spanier fährt ja im Sommer nicht ans Meer, der reist in den Norden, mit den Bergen und den wunderschönen Seen, um sich abzukühlen. Alle Welt kennt inzwischen den Jakobsweg, den beliebten Pilgerweg, der sich, 80 Kilometer von der Küste entfernt und parallel zu ihr verlaufend, zum Wandern geradezu anbietet.

Da es bei meinen Großeltern nicht so spannend für mich ist, gehe ich gelegentlich in die nahe liegende Schule als Besucher zum Unterricht. Irgendwie habe ich auch ein wenig Spanisch gesprochen, was ich mir heute gar nicht mehr recht vorstellen kann. Ich erinnere mich beispielsweise nicht mehr daran, ob ich jemals während dieser fünf, sechs Monate das spanische ABC gelernt habe. Irgendwie komme ich mir dort sehr fremd vor.

Ganz sicher war ich nicht der Aufmerksamste. Ich werde zur Strafe auch schon mal in einen durch einen Vorhang vom Klassenzimmer abgetrennten Abstellraum gesteckt. Hätte die Lehrerin geahnt, daß ich mit einem Draht die Schlösser der dort liegenden Schreibmaschinenköfferchen demoliere, hätte Sie sicher auf eine solche Bestrafung verzichtet. Damit ist mein kurzer spanischer Schulbesuch auch schon zu Ende, denn ich durfte nach diesem Streich dem Unterricht nicht mehr als Besucher beiwohnen. Diese war für mich keine richtige Schule im Sinne des Wortes. Ich war eben ein Fremder. Ich hatte ein Gefühl, welches viele Ausländer natürlich auch in Deutschland haben und das ich sehr gut verstehen kann.

Ich besitze überhaupt nur sehr verschwommene Bilder aus dieser Kindheitszeit, alles liegt im Nebel. Woran ich mich – allerdings ungern – erinnere, das sind gelegentliche Krankenhausaufenthalte. Heute bezeichne ich die Krankenhäuser einfach als Nachkriegsfolterkammern. Auf ein Minimum reduzierte Anstalten mit strengsten Regeln, schlechter Kost, wenig liebevollem Personal. Ich bekam jede Krankheit, die ein kleines Kind nur bekommen konnte. Heute weiß ich, daß ich so anfällig war, weil mir die Liebe und die Nähe meiner Mutter fehlte, nach der ich mich verzehrte.

Aber was sollte sie machen? Sie mußte Geld verdienen, und das ging nur in ihrem Heimatland Deutschland. Erst als mein Zustand sehr ernst wurde – ich war völlig unterernährt –, holte mich mein Vater direkt nach seinem Gefängnisaufenthalt in Renteria bei Oma und Opa ab und fuhr mit mir nach Köln, wo ich den größten Teil meines Lebens bis heute verbringe. So gesehen bin ich ein echter Kölscher Jung. Meine spanischen

Oma Jocinta, Antonio und Schwester Annamaria beim Baden in der Atlantikbucht La Concha (die Muschel) bei San Sebastián

Großeltern waren schon lieb und gaben sich viel Mühe mit mir. Doch der Liebeskummer war größer. Ich litt wahnsinnig unter der fehlenden Nähe zu meiner Mutter, einem Symptom, unter dem sehr viele Erwachsene und Kinder leiden, ob sie es wissen und zugeben oder auch nicht. Meine Schwester übrigens blieb vorerst noch in Spanien bei Oma und Opa.

Die Zugreise von San Sebastián nach Köln im Sommer 1965 dauerte fast 18 Stunden. Umständliches Umsteigen in Paris von einem Bahnhof zum anderen (dort gibt es nur Kopfbahnhöfe). Ankunft in Köln. Meine plötzliche Ankunft in der rheinischen Metropole ist nicht eingeplant, aber schließlich ging es ja um mein Leben.

Ein Gefühl von Ohnmacht überfiel meine Mutter, sie hatte Schuldgefühle. Wie soll das alles gehen? Wir brauchen eine größere Wohnung. Geld fehlt. Gerade hat meine Mutter die dreijährige Ausbildung zur Fernmeldemechanikerin bei der Deutschen Bundespost beendet und die Prüfung bestanden. Da sie gleichzeitig perfekt Deutsch gelernt hat, bekommt sie auch eine feste Anstellung bei der Bundespost mit sicherer Bezahlung für das Notwendigste im Leben. Aber stell dir vor, während dieser schwierigen Zeit mußte sie noch meinen älteren Bruder Roberto nach der Schule bei Fremden unterbringen. Er galt als schwererziehbar, benahm sich oft rowdyhaft, zerstörte fremdes Eigentum. Um angerichteten Schaden wieder gutzumachen, übernimmt meine Mutter jede Fronarbeit. Sie hat permanent ein schlechtes Gewissen und lebt in ständiger Angst, niemanden mehr zu finden, der Roberto nach der Schule beaufsichtigt.

Ich wohne mit meiner Mutter und meinem Bruder zunächst in der Burgunderstraße 22 inmitten eines Arbeiterviertels. So gesehen hatte sich zwischen meinem Leben in Renteria und Köln nicht sehr viel verändert. Sogar die Schule liegt wie in Spanien genau gegenüber unserer Wohnung. Ich besuche auch eine spanische Schule. Damals gab es viele Integrationsbemühungen. Aber ich verstehe die spanische Sprache eher schlecht. Meine Mutter spricht zwar Spanisch, redet jedoch Deutsch mit uns. Wir sollten uns schnell integrieren, und dazu gehört nun mal in erster Linie das Beherrschen der deutschen Sprache in Wort und Schrift. Mein Gefühl ist sehr zwiespältig. Ihr werdet gleich sehen, warum.

Mein Besuch in der spanischen Integrationsklasse in Köln ist noch viel kürzer als der in Spanien. Wieder lebe ich wie unter einer Dunstglocke. Ich verstehe zu wenig Deutsch. Ich laufe einfach mit. Das geht sechs, sieben Monate so. Meine Mutter hatte außerdem Angst davor, mit ihren

Kindern aufzufallen, und vor allem hatte sie Furcht davor, mein Vater könnte eines Tages in Deutschland auftauchen, um uns wieder nach Spanien zu holen.

Diese Angst war aber unbegründet. Er hatte sofort nach unserer Ankunft versucht, in Deutschland einen Job zu bekommen. Er wollte sich aber nicht anpassen, und der Versuch meiner Eltern, die Ehe wieder aufleben zu lassen, scheiterte an der Entfremdung. Mutter ist in den Jahren eine selbständige Frau geworden, Vater konnte nicht mehr machen, was er wollte. Also ging er wieder fort. In Holland fand er dann für den Rest seines Lebens eine neue Heimat. Erstaunlich, daß der spanische Geschäftsmann sich in Holland ganz klein machte und bei der Lebensmittelfirma »Unox«-Fleischmaschinen putzte. Nicht für ein, zwei Monate, sondern zwanzig Jahre lang.

In Spanien hatte er eine sehr gute Geschäftsidee. Mit einem Partner baute er die spanische Vertretung der Nähmaschinenfirma »Alfa« auf. Das Geschäft ging gut, jede Frau brauchte im Nachkriegsspanien eine Nähmaschine. Die ersten Werbeprospekte mit schöngekleideten Frauen aus Amerika kamen auf den Markt. Das Geld fehlte. Selbermachen hieß die Devise. Die Nachfrage war riesig. Du kannst dir das sicher vorstellen. Nach dem Krieg war alles grau und trist. Jetzt wollte man wieder leben, Freude haben und mit schicken Klamotten gesehen werden. Nähmaschinen wurden zu dieser Zeit auch schon geleast. Das Geld floß. Mit den ersten Anschaffungen war man plötzlich wieder wer.

Obwohl beide Geschäftspartner gleichberechtigt waren, kamen bald die ersten Schwierigkeiten. Beiderseitige Überforderung mit dem plötzlichen Erfolg führte zu gewissen Unregelmäßigkeiten, erst untereinander, dann auch gegenüber der Finanzbehörde. Zur Zeit von Diktator

Franco landete man dafür im Knast, und dieses führte letztlich zum Scheitern der Ehe meiner Eltern.

Mein Vater hatte nie wieder eine feste Beziehung. Bei meiner Mutter lief alles unter einer gewissen Geheimhaltung ab. Den wahren Grund seines Gefängnisaufenthaltes erfuhr ich erst als erwachsener Mann. Gerüchteweise wurde vorher als Grund eine Messerstecherei oder so was angeführt.

Keiner durfte wissen, wie der jeweilige Stand irgendeiner Sache war, nicht im Beruf und nicht im Privaten. Wenn eines von uns Kindern krank war, verheimlichte sie das auf der Arbeit. Nur nicht auffallen, war ihre Devise. Wir sind schließlich nur zu Gast in Deutschland.

Sie machte Riesenklimmzüge, um alles irgendwie hinzukriegen. Bei uns erzeugte das dafür einen unangenehmen Druck. Sie hat wohl unter der selbstauferlegten Härte sehr gelitten. Das Gute bei ihr war jedoch, daß Sie es Ihrer Familie beweisen wollte. Sie alle waren neidisch auf meine Mutter, denn sie tat aktiv etwas, um unsere Lebensumstände zu verändern. Zu dieser Zeit machte eine Frau so was nicht. Sie hätte in Spanien und auf die Almosen der Verwandtschaft angewiesen bleiben sollen. So hätte die ganze Familie einen billigen Sklaven gehabt und dazu noch ein ruhiges Gewissen heucheln können. Frei nach dem Motto: »Wir haben Dir und Deinen Kindern das Leben gerettet. Ohne uns wäret Ihr verreckt. Wir haben ja schon immer gesagt, daß Du den falschen Mann geheiratet hast.« Und nach der Freilassung meines Vaters hatten sie geglaubt, ein Anrecht darauf zu haben, sich zu jeder Zeit in unser Familienleben einzumischen. Mama, das hast du gut gemacht!

Der rothaarige Onkel mit den violettblauen Lippen

Als sie uns dann nach etlichen Jahren einen »Onkel« vorstellt, schwant mir nichts Gutes. Zunächst ködert er uns mit einem Eis am Stiel, guckt zusammen mit uns die Fernsehsendung »Raumschiff Orion«. Dann »hilft« er mir bei den Hausaufgaben in Deutsch. Er konnte nicht verstehen, daß ich die Buchstaben nicht schrieb, sondern malte. Dazu drehte ich das Blatt Papier so, wie ich es für meine Striche am besten fand. Da erhielt ich den ersten Schlag in den Nacken und mein Kopf knallte auf den Tisch.

Daß das kein Ausrutscher war, merkte ich bald danach. Denn der »Onkel« schlug mich nach Belieben. Immer und immer wieder. Er geriet richtig in Rage. Keiner, und der schon gar nicht, wußte damals, was Legasthenie war. Ich übrigens auch nicht. »Legastheniker trifft Jähzornigen«, hieß das Stück, das fast täglich aufgeführt wurde. Ich war unfreiwillig der Hauptdarsteller.

Meine Mutter meinte wohl, Hauptsache sei die Beaufsichtigung der Hausaufgaben. Als wir dann mit dem »Onkel« auch noch in einen Doppelbungalow in die Eifel zogen, begannen die vier schlimmsten Jahre meines Lebens. Meine Mutter wollte vor den Kölner Kollegen verheimlichen, daß sie wieder einen Freund hatte. Das Oberfaule daran war, daß der Kerl schwul war. Der hatte einfach bestialische Freude daran, kleine Jungs zu verprügeln. Es ist verrückt. Bis heute hat mir meine Mutter nicht erklärt, warum sie das getan hat. Es ist auch verrückt, daß mein älterer Bruder, der ebenso mit Methode verprügelt wurde – unter Methode verstehe ich das Ausprobieren verschiedener Gegenstände wie beispielsweise Kleiderbügel oder verschieden dicke Bücher oder Metallöffel oder Besenstiele oder einfach die Faust, die flache Hand und den Fuß – als erwachsener Mann die Meinung vertrat, diese Prügel hätten dazu beigetragen, daß wir »anständige Umgangsformen« erlernt hätten, bei Tisch und so. Mein Bruder hat ihn später sogar besucht! Ob er die folgende Situation vergessen hat?

Der »Onkel« hatte uns beide dermaßen verprügelt, daß wir uns mit Messern bewaffneten und hinter der Tür warteten, um uns mit diesen gegen ihn zur Wehr zu setzen. Wäre er damals gekommen, hätte ich nicht gezögert, ihn niederzustechen. Mein Bruder auch nicht.

Oder diese Geschichte: Der Schulbus fuhr direkt an unserem Haus vorbei. Wegen eines länger haltenden Bauwagens kamen die im Bus sitzenden Schüler in den »Genuß«, unsere Schreie zu hören, als wir verprügelt wurden. Der Schulkamerad, Heiko, dem ich mich zum ersten Mal offenbarte, war so empört, daß er sich anbot, eine Pistole zu besorgen und den »Onkel« abzuknallen. Auch dazu kam es nicht. Ich büchste, so oft ich konnte, vor diesem Scheusal aus. Irgendwann jedoch mußte ich wieder nach Hause und dann drosch er noch heftiger auf mich ein. Der Kommentar meiner Mutter: »Warum büchst Du auch aus!«

Eines Tages findet in der Schule ein Sportfest statt. Da ich im Sport sehr gut bin, setzt mich mein Lehrer in einem Staffelwettbewerb erst sehr spät ein. Als ich mich endlich ausziehe, sieht er die blauen Flecke und stellt mich nach dem Wettkampf zur Rede. Ich bin in einer Zwickmühle. Soll ich ihm die Wahrheit sagen? Der Onkel hat mir ja unter Androhung noch schlimmerer Gewalt Stillschweigen verordnet! Ist es der Lehrer, der mir helfen wird? Zweifel und Todesangst...

Egal! Es muß jetzt raus, und ich erzähle ihm, was daheim passiert, daß das für mich kein Vater ist. Und was geschieht? Der Lehrer packt mich am Arm, schleppt mich zum Direktor und sagt: »Hören Sie sich

Antonio am Tage der Erstkommunion in Kommern in der Eifel

mal an, wie dieses Früchtchen seine Familie denunziert!« Der Direktor bläst in das gleiche Horn wie mein Sportlehrer. Ich solle froh sein, daß mich meine Mutter aus Spanien nach Deutschland geholt habe und daß jetzt auch noch ein Mann im Haushalt sei, der sich um die Kinder kümmere. Sie würden die beiden besuchen und ihnen von meiner Denunziation berichten. Ich antworte: »Wenn Sie wollen, daß ich bald sterbe, sind Sie gerade dabei, es einzuleiten!« Ihre Antwort: »Du kannst uns nicht davon ablenken!«

Aus irgendeinem Grund hat es dieses Gespräch mit meiner Mutter und mit diesem brutalen Onkel nie gegeben. Ein Telefonat mit ihm wohl schon, doch dann verlief alles im Sande. Jedenfalls hatte ich eine Todesangst und war um eine bittere Erfahrung reicher geworden: Vertraue dich keinem an!

So begann ich, Lügengeschichten zu erfinden und zu erzählen. Die Menschen, lernte ich, leben lieber mit der Lüge als mit der Wahrheit! Ich baute mir eine Scheinwelt auf, eine Welt aus tausend Geschichten. Das Schwere daran war, ich mußte mir die Geschichten merken und gelegentlich mit der Wahrheit »updaten«. Irgendeiner merkt immer etwas. Mein Legasthenikergehirn vollbrachte Höchstleistungen. Wohl gefühlt habe ich mich dabei nie. Ich lebte nicht in Frieden.

Nach vier Jahren endlich zog meine Mutter zurück nach Köln-Merheim. Ohne den »roten Onkel«. Meine Mutter hätte sich von ihm getrennt, sagte sie uns. Als es eines Tages läutet, schaue ich im Hausflur nach unten und entdecke hinter einem Blumenstrauß den roten Haarschopf meines Peinigers. Ich drohe ihm laut, sofort zur Polizei zu gehen, wenn er die Treppen hinaufkäme. Er kommt nicht, und ich sehe ihn nie wieder!

Jetzt beginnt für mich keine schlechte Zeit. Da meine Mutter arbeiten ging, wachse ich als klassisches Schlüsselkind auf. Ich bin immer der erste mit einem Ball in der Hand und erwarte die anderen Jungs zum Fußballspielen. Ich beginne auch, selbst zu kochen. Da liegen Eier und

Kartoffeln, grüner Salat, Zwiebeln, Brot, Margarine, Salz und Pfeffer. Alles einfach zu handhaben. Heute hantiere ich natürlich mit viel mehr Produkten.

Aber auch hierin erwerbe ich sehr früh eine Selbständigkeit. Ich gehe auch selbst einkaufen, lerne preiswerte Dinge zu finden. Ich gehe zum Judo, erlerne die Selbstverteidigung. Obwohl ich nur 1,65 cm groß bin – Claudia meint, sie sei 1,65 cm groß und ich kleiner –, habe ich keinerlei Angst mehr vor größeren Menschen. Es ist gut, fit und immer auf einen Angriff vorbereitet zu sein, ohne jemals einen aggressiven Gedanken dabei zu haben. Es ist ein Signal. Gehst du mir an die Wäsche, gibt es was zurück.

Während meines Trainings habe ich genügend größere und schwerere Kerle aufs Kreuz gelegt. Wer jemals zwei Minuten Bodenkampf in voller Montur absolviert hat, der weiß, es gibt kein besseres Konditionstraining. Ich habe heute noch breite Schultern und werde besser nicht unterschätzt. Wenn ich damals durch Köln-Neubrück lief – hier tummelten sich mehrere Straßen-Gangs –, wurde ich niemals belangt. Die spürten einfach, daß ich was drauf hatte: Selbstsicherheit und meine Selbstliebe. Ich habe nur einen einzigen Schlag getan. Ein sehr großer Junge verprügelte einen sehr kleinen. Er negierte meine Aufforderung, den Kleinen gehen zu lassen. Mein Faustschlag auf seinen Solarplexus machte ihn kampfunfähig und wenigstens kurzfristig auch nachdenklich. Dieser Niederschlag hat sich herumgesprochen, wurde fast zum Mythos in der Gegend.

Ich weiß natürlich, aus keinem Kampf geht wirklich einer als eindeutiger Sieger hervor. Was heißt schon Sieg? Die Kehrseite des Sieges sind Schmerz und Leid. In einem Krieg sogar Tod und Zerstörung. Ich bin so lange ich denken kann für friedliche Auseinandersetzungen. Was mein Verhältnis zu Patienten betrifft, ist es immer kameradschaftlich. Ich habe dann gewonnen, wenn der andere von seinen destruktiven Gedanken geheilt ist.

Doch zurück an den Anfang der siebziger Jahre. Ich besitze jetzt das Selbstbewußtsein, daß mir so etwas nie wieder passiert, daß mir nie wieder ein anderer Mensch seinen Willen aufzwingen oder gar wehtun kann. In gewisser Weise liegt in den vielen negativen Erlebnissen in meiner Kindheit – Liebesentzug, körperliche Mißhandlungen, sprachliche Dämmerungszustände in Spanien und anfangs auch in Deutschland, die Erfahrung, daß Lügen besser ankommen als die Wahrheit – ein Schlüssel für mein jetziges Wesen, ja für meine heilerische Arbeit. Weil ich all jene traumatischen Erlebnisse hatte, kann ich mich in jeden hineinversetzen, der mir seine Geschichten erzählt, die ihn ein Leben lang quälen und krankmachen. Ich weiß, wie wichtig die Wahrheit im Leben jedes Menschen ist. Je eher er zu seiner eigenen Wahrheit steht, desto schneller wird seine Seele gesunden können und damit auch der Körper.

Ich bin einen wichtigen Schritt in Richtung meiner Berufung gegangen, ohne es damals natürlich zu wissen. Waren meine verschiedenen Berufe und Tätigkeiten mein Weg dorthin oder waren noch Umwege nötig? Diese Fragen stellen sich übrigens viele Menschen.

Es beginnt also die Zeit nach meiner Kindheit, Jahre der Schul- und Berufsausbildung liegen vor mir. Ich beende die Hauptschule mit dem Abschlußzeugnis der neunten Klasse. Eine Klasse mußte ich wiederholen. Die Frage der Berufswahl steht an.

Erst Jungpostbote, dann Beamter – ohne mich!

Bis heute hasse ich handgeschriebene Lebensläufe. Als Legastheniker kannst du nicht einfach einen fehlerfreien Lebenslauf abschreiben. Es geht nicht, und schon gar nicht in Schönschrift. Abschreiben ist für mich immer noch eine hohe Hürde. Aber egal!

Das Suchen nach einer Ausbildungsstätte dauert Monate. Meine Mutter hilft mir, sieht aber schon das nächste Drama auf uns zukommen. Meine Schulnoten sind eher bescheiden. Was nutzen schon gute Noten im Sport und im Zeichnen. Letztlich findet sie für mich eine Ausbildung bei der Bundespost, was sie gut findet. Hier kann man mit 27 Jahren verbeamtet werden.

Mein Weg dorthin beginnt also mit der Ausbildung zum Jungpostboten. Ich bin hier drei Jahre, ohne dabei irgend etwas Wichtiges zu lernen. Es sei denn, man findet das Auswendiglernen von Preisstaffelungen für Pakete und Briefe spannend. Die Post begann damals, die Preise erstmals anzupassen, um mehr Geld zu verdienen. Ich mußte die jeweilige Gebührenordnung auswendig lernen, obwohl sie ja jedem gedruckt als Liste vorlag. Diktate wurden geschrieben und Aufsätze. Der Postler sollte ja schließlich lesen können, was er da sortierte und verteilte und austrug.

Ich erlebe den verschlungenen Weg eines in den Briefkasten geworfenen Briefes bis zur Zustellung in allen Bereichen. Gut gefiel mir die Arbeit des Zustellers. Die Zustellbezirke waren menschlicher als heute. Zwischen zehn und zwölf Uhr war die Arbeit, die morgens sechs Uhr begann, bei voller Bezahlung beendet. Jeder Zusteller konnte mit anderen Arbeiten sein Budget sehr aufbessern. Heute, so höre ich, hat ein

Zusteller in seinem großen Bezirk so eine Menge auszutragen, daß er kaum fertig wird. Ich schaffe alle Prüfungen. Wie, weiß ich nicht. Vielleicht waren die Ausbilder froh, diesen seltsamen Kerl wieder loszuwerden, denn ich bin ihnen mit vielen Problemen auf die Nerven gegangen.

Aber wie fing das bei der Post an? Als ich zum ersten Mal den Dienstboteneingang des Postamtes Köln 1 in der Nähe des Hauptbahnhofes benutze, habe ich das Gefühl, Nägel in meinen Sarg zu schlagen. Ein uraltes Gebäude mit postgelb gestrichenen Wänden und hohen Dekken in endlosen gebohnerten Gängen. Ab und zu öffnet sich eine Tür. Ein grauer Mensch kommt heraus, um zwei Türen weiter wieder zu verschwinden. Das sollte mein Leben sein? Am Abend meines ersten Postlertages habe ich ziemliche Depressionen. Auf dem Klo weine ich erst einmal. Da sollte ich jetzt vergammeln? Ich fühlte so großartige Dinge und Fähigkeiten in mir!

Aber ich ließ es geschehen und wurde einer von der gelben Zunft. Getragen von Vorschriften, Dienstgraden und Formularen, die nach weiteren Formularen verlangten. Für einen einzigen Vorgang brauchte man Dutzende von Formularen. Ich wollte die Welt aus den Angeln heben und sollte eine graue Maus werden, postgelb getüncht. Hier gelten nur Dienstränge, Hauptsache, du hast einen Titel, dann haste was zu sagen, auch wenn du nichts weißt. Was überhaupt nicht geht, ist, Fragen zu stellen. Dann müßte sie ja jemand beantworten. Jede Bürokratie schafft sich ihre eigene Welt und zwingt da jeden rein, ob der will oder nicht. Es war exakt der falsche Platz für mich. Aber ihr wißt es ja, ich habe da einige Jahre ausgehalten.

Das schafft man nur mit guten Freunden, die ich dort finde. Dann hält man auch die folgende Situation aus: Unsere Ausbildungsgruppe wird von ungefähr 40 auf 12 reduziert. Was ist passiert? Es wird geklaut! Und zwar Kugelschreiber. Damals fängt die Unsitte an, irgendwelchen Leuten Kugelschreiber mit irgendwelchen Aufdrucken zuzuschicken, in der Hoffnung, daß der Beglückte ein paar Hundert von den billigen Dingern kauft. Dazu waren die Schreibwerkzeuge miserabel verpackt und flogen im ganzen Postamt umher, waren den einzelnen Sendungen gar nicht mehr zuzuordnen.

Natürlich hat sich der eine oder andere so ein Ding eingesteckt, um damit zu schreiben. Man brauchte ja immer irgendeinen Stift, um Karteikarten, Fragebögen usw. auszufüllen. Das ganze wurde Diebstahl genannt, und die jungen Leute wurden gefeuert.

Ich bin damals Jugendvertreter, also Sprecher aller Lehrlinge, und habe die Stirn vorzuschlagen, daß der Absender der schlecht verpackten Sendungen in Regreß genommen werden sollte und nicht die jungen Leute, die sich da mal so ein Teil eingesteckt hätten. Jetzt hatte ich was angerichtet.

Eine postinterne Untersuchungskommission wurde eingeschaltet, und tatsächlich fand man in dem einen oder anderen Spind der Azubis Kleinigkeiten, die den eigentlichen Empfänger nicht erreicht hatten. Bei der Post wird geklaut! Im Zuge der Ermittlungen fand man dann heraus, daß selbst Geldsendungen unterschlagen worden waren, mit denen wir Anfänger natürlich nichts zu tun hatten. Da gab es Spezialisten bei der Post!

Im Laufe der Zeit traf ich den einen oder anderen der Jungs wieder. Erst hatten sie gedacht, mit ihrem Rausschmiß bei der Post wegen eines geklauten Kugelschreibers bräche für sie die Welt zusammen. Jetzt waren sie froh! Der eine war Schlosser geworden, der andere Bäcker, jeder mußte in seinem Beruf selbständige Entschlüsse fassen. Keiner weinte der Post auch nur eine Träne nach.

Ich mußte durchhalten und war nach drei Jahren Ausbildungszeit Jungpostbote, mit Ernennungsurkunde! Das ist dann der einfache Dienst bei der Bundespost, also Hein Blöd letzten Endes. Drei Jahre hatte ich völlig umsonst gelernt. Außerhalb der Post konnte man nichts, aber auch gar nichts damit anfangen.

Ich bleibe noch eine Weile bei der Post, und weil ich als Jugendvertreter einigen Abteilungsleitern mit meiner Kritik an der Ausbildung wohl zu nahe gekommen war, erhielt ich eine der blödesten Arbeiten in der langen Postkarriereleiter: Ich lande in der Massendruckabteilung. Dort werden Postsendungen ab 100.000 Stück mit gleichem Inhalt verteilt. Allerdings ist diese Arbeit, die ich gleich beschreibe, dem Handballsport, den ich zu dieser Zeit betreibe, sehr zugute gekommen.

Stelle dir einen Raum in Form eines Amphitheaters vor. Du stehst in der Mitte, gewissermaßen auf der Bühne, du nimmst vom Fließband Bund für Bund in die Hand. Im Bund sind alle Briefe mit gleicher Postleitzahl. Das Bund läßt sich gerade noch gut greifen. Jetzt muß dieses Bund nur noch in den Sack mit der richtigen Postleitzahl gelangen. Diese Säcke befinden sich im Halbrund vor dir, Entfernung fünf bis zwölf Meter.

Ein Nichtpostler würde wahrscheinlich glauben, daß jedes Bund zum jeweiligen Sack getragen und hineingelegt wird. Das klingt logisch, denn es vergeht ja auch Zeit dabei. Allerdings bedeutet Laufen auch zusätzliche Arbeit. Und deswegen wirft man die Briefbunde und Päckchen in die Säcke, weswegen es im Postdeutsch auch Verwerferkreis heißt. Genau genommen ist Verwerfen natürlich falsch. Wer im Handball einen Siebenmeter verwirft, der trifft nicht ins Tor!

Antonio (Mitte), während seiner Zeit als Jugendvertreter bei der Post in Köln

Wir aber sollten in die Säcke zielen und treffen. Mein Freund Reinhard Kijewski, der ebenfalls Handball spielte, und ich sagten vor jedem Wurf immer an, wo wir synchron in die Säcke treffen wollten: oben links, unten rechts, oben rechts oder unten links. Die Säcke waren in einen Rahmen von etwa 50 mal 50 Zentimetern gespannt und in mehreren Reihen, so wie Zuschauer sitzen würden, vor uns aufgehängt. Wir gehörten bald zu den besten Handballern im Verein. Danke der Bundespost, mehr Lob muß aber nicht sein!

Wenn ein Sack etwa 25 Kilogramm Gewicht erreicht hatte, wurde er durch einen leeren ersetzt. Flog ein Päckchen mal daneben und wurde dieses von einem Aufseher bemerkt, der nichts anderes zu tun hatte, als uns im Auge zu behalten, schickte er jemand anderen hin, um den

Mißstand zu beheben. Allerdings war diese Arbeit auch nicht ganz ungefährlich. Mancher unserer Lieblinge wurde dabei schon mal von einer unserer Massenwurfgranaten getroffen – das war das »Langholz«, die längeren Briefe. Von diesen etwas schwereren Geschossen hatten wir immer einige parat liegen, bis der richtige Aufseher seinen Hintern von seinem Schreibtisch weg bewegen mußte. Ausgerechnet jetzt fliegen die »Langhölzer« an den Säcken vorbei, treffen den Aufseher.

Dabei fällt schon mal einer um. Nicht unbedingt von den zusammengebündelten Briefen, sondern weil die Burschen alkoholisiert waren, speziell im Nachtdienst. Denen hat das Trinken und uns das Werfen Spaß gemacht. Das Treffen des Aufsehers auch. Das hat meinem Freund und mir so manche Verhandlungsschrift eingebracht.

Ich rede immer noch von der Post. Eine Verwarnung oder Abmahnung hieß hier Verhandlungsschrift, jawohl. Mein Ordner war bei meinem Abgang mit diesen Papieren gut gefüllt. Die bekam ich nicht nur für das Werfen, sondern auch für unangebrachte Fragen an einen Vorgesetzten.

Zum erstenmal in meinem Leben litt ich an einer psychosomatischen Erkrankung. Die Post hatte mich krank gemacht. Ich bekomme rote Pusteln im Gesicht, auf der Brust, auf dem Rücken und den Armen. Ich vermute die Jutesäcke als Ursache und konsultiere einen Hautarzt. Der untersucht Proben der Jutefasern, vom Staub usw., plaziert sie mit Pflastern auf meiner Haut, findet aber nichts. Als ich ihm vorschlage, mal ein Pröbchen »Klima bei der Post« zu untersuchen, setze ich meine Postkarriere als Simulant in den unmöglichsten Abteilungen fort.

In mir entwickelt sich ein Gefühl des Gebrochenwerdens, des Knebelns meiner Seele. Hier will und kann ich nicht weiter arbeiten, wenn ich am Leben bleiben will. Ich verzichte auf die Unkündbarkeit als Postbeamter mit 27 Jahren, auf den mittleren, gehobenen und höheren Dienst. Ich will so leben, wie ich es für richtig und sinnvoll halte!

Als ich bereits gekündigt hatte, gibt es noch eine große Überraschung: Der oberste Postbeamte des Landes will mich sprechen.

Der Mann war genauso groß oder klein wie ich. Er habe schon das eine oder andere von mir gehört. Ich hatte fast den Eindruck, der wäre von mir begeistert. Er lobte meine tolle Figur – ich stand ja auch im Ringer- und Handballtraining – und wollte nun genau wissen, warum ich denn gekündigt hätte. Als an meiner Stelle mein Amtsvorsteher antworten wollte, schmiß der Oberpostmensch diesen einfach raus, und wir unterhielten uns eine gute Stunde lang.

Er wisse, daß die Strukturen der Post veraltet seien, daß Veränderungen anstünden usw., und da könnte man solche Leute wie mich sehr gut brauchen. Ich hatte ja nun wirklich meinen Mund ziemlich oft aufgemacht, wenn es um die schlechte Ausbildung ging. Er notierte sich eine Menge, ich nannte Roß und Reiter.

Für mich war die Sache ja gelaufen, ich hatte gekündigt. Aber all die anderen mußten ja weiterarbeiten, um die ging es mir. Der Oberpostmensch bestätigte mir, daß er Ähnliches schon aus verschiedenen Ämtern in Nordrhein-Westfalen gehört hätte. Jetzt hörte er, daß alles Schlimme gerade in meinem Amt zusammen kam. Er bot mir jede Stelle an, wenn ich bleiben würde. Er merkte aber auch, daß ich inzwischen bekannt wie ein bunter Hund war, weil ich eben konkrete Fälle genannt hatte. Man hätte mich nirgendwo willkommen geheißen.

Du erinnerst dich doch noch an die Verhandlungsschriften, die über Vorfälle angefertigt wurden. »Ich habe nichts davon in diesem Gespräch bestätigt gefunden, Herr Landa!« sagte der hohe Postbeamte bei der Verabschiedung zu mir und wünschte mir alles Gute für meinen Weg außerhalb der Post.

Von Reinhard Kijewski hörte ich später, daß ganze Abteilungen umgekrempelt wurden. Ich erzähle das, weißt du, weil ich wirklich nicht schnurstracks auf meinen jetzigen Beruf zugegangen bin. Das konnte ich auch nicht, weil ich noch nichts davon wußte. Ich erzähle das auch deswegen, weil ich weiß, daß es vielen so erging oder ergeht wie mir damals. Und ich erzähle das in der Hoffnung, daß es dir vielleicht Mut macht, endlich deinem Herzen zu folgen, deiner inneren Stimme, die man freilich zu hören lernen muß.

Kaffee und Kuchen für den Mann mit dem Telefon

So sehr mich der erste Tag in dem Postgebäude deprimiert hatte, am letzten Tag ging ich frohen Herzens raus und stieg in mein knallrotes Montageauto, mit dem ich schon einige Tage lang zu meiner alten Dienststelle gefahren war und das auch manch neidischen Blick hervorgerufen hatte. Ich fahre meinem ersten Auftrag entgegen, als Subunternehmer der Bundespost im Telefonbau.

Mein Bruder hatte mich auf die Idee gebracht, als Fernmeldemonteur zu arbeiten. »Zwei Wochenenden reichen«, sagt er, »dann kannst du alles, was du dafür brauchst.« Also arbeite ich jetzt für eine Fernmeldebau-Firma mit Sitz in Coburg. Die Post mußte Aufträge an solche Firmen verteilen, weil sie selbst mit der Flut an Telefonanmeldungen nicht mehr zurechtkam. Ich werde zu dieser Zeit von meinen Kunden noch mit Kaffee und Kuchen empfangen, so ein Ereignis ist die Einrichtung eines Telefonanschlusses.

Für mich war das ganz einfach. Ich verlegte Telefonkabel von der Anschlußstelle A zur Wohnung nach B oder C. Das Kabelkloppen wurde nach Metern bezahlt. Da kamen schnell mal 50 Meter zusammen. Ich arbeitete präzise wie ein Specht und schnell. Eine Mark fünfzig gab es wohl für den Meter. Das Telefon selbst hatte immer nur ein Kabel von einem Meter fünfzig. Alle wollten ein längeres, um sich mit dem Telefon in der Wohnung bewegen zu können. Das habe ich denen gerne verkauft. Schräubchen auf, kurzes Kabel raus, sechs Meter langes rein, Schräubchen zu, schon hattest du sechs Mark verdient. Wenn ich den ersten Anschluß in einem Sechsfamilienhaus legte, verlegte ich gleich ein dickeres Kabel bis ins Haus. Ich wußte, daß die anderen fünf Mieter in allernächster Zeit auch ein Telefon haben wollten. Ich hatte dann schon die halbe Arbeit gemacht, kriegte aber alles noch einmal bezahlt. Jedenfalls dachte ich das.

Ich erhalte plötzlich ungedeckte Gehaltsschecks. Der Chef der Firma geht sogar so weit, mir zu unterstellen, ich hätte die Unterschriften unter den Schecks gefälscht, und ich sollte mal sehen, wo ich meine Kohle herkriegen würde. Ich könnte ihm gar nichts. Denn ich hatte ja auch noch keinen Arbeitsvertrag. Ha, ha. Es ist vor allem die Arroganz des Unternehmers, die mich herausfordert, und mir gleichzeitig meine Hilflosigkeit solchen Situationen gegenüber klar macht. Im Kopf bin ich immer noch der kleine Postler, der in diesem Moment die Post mit ihrer Korrektheit vermißt. Die Post, die wegen eines Pfennigs, den jemand noch zu kriegen hat, fünf Schreiben aufsetzt, damit er weiß, daß er ihn noch bekommt. Nach dieser Spießerpost sehne ich mich in diesem Moment! Hatten alle Ratgeber doch recht behalten? Sie hatten mich alle vor der Welt da draußen gewarnt: »Du wirst auf die Nase fallen!«

Ich kleiner Mann verklage den vermeintlich erfolgreichen Unternehmer! Ich kann meine Miete nicht bezahlen, habe keinen Anwalt und verklage den Chef. Wieder verrückt, nicht wahr?

Beim Arbeitsgericht riet man mir, gegen die Firma ein Konkursverfahren zu beantragen, so käme ich am schnellsten zu meinem Lohn. Ich wußte damals zwar nicht, was ein Konkursverfahren wirklich bedeutet, stimmte aber zu. Einen Tag nach Eröffnung des Verfahrens wurde die Firma geschlossen.

Ein ungeheurer Vorfall, vor allem für den arroganten Chef. Er beschimpfte mich als Riesenarschloch und ich sagte nur, einem so großen

Chef könnte doch so ein kleiner Konkurs nichts anhaben, da käme er doch mit links wieder raus.

Während der Untersuchung stellte sich noch heraus, daß er von der Post in großem Umfang Telefone klauen ließ. Als Sozialhilfeempfänger, der ich jetzt war, wartete ich auf den Prozeß, der in Coburg, am Sitz der Firma, stattfinden sollte.

Mein Anwalt, den ich über meinen späteren Partner kennenlernte, erreicht, daß der Prozeß in Köln, meinem Wohnort, stattfindet. Man könne einem Sozialhilfeempfänger schließlich nicht zumuten, ständig nach Coburg zu fahren! Ich erfahre zum ersten Mal in meinem Leben, daß sich jemand, ohne sich einschüchtern zu lassen, nur für mich einsetzt, daß einem kleinen Mann im Rechtswesen der Vorzug vor einem »großen« gegeben wird.

In der Verhandlung selbst demontieren mein Anwalt und der Richter den Großkotz und seinen zu ihm passenden Mega-Großkotz-Anwalt nach Strich und Faden. Der größte Fehler meiner Gegner war, dem Richter zu unterstellen, daß hier in Köln wohl anders Recht gesprochen würde. In Bayern liefe so etwas anders, zugunsten des Arbeitgebers, man sollte doch an die Arbeitsplätze denken.

Der überhebliche Anwalt hatte sich in diesem Moment zu weit aus seinem Bayerischen Fenster gelehnt. Der Richter holte tief Luft und machte den Eindruck, als würde er die Bayern nur mit seiner Atemluft zerquetschen. Der Anwalt durfte sich einige Zeit später vor einem höheren Gericht um seine Zulassung als Anwalt in eigener Sache vertreten und mein Chef bekam das, was ihm zustand. Ich mußte meine Tränen zurückhalten. Anwalt und Richter kämpften für mein Recht. Am Ende des

Prozeßtages habe ich meine ausstehenden Löhne in der Tasche, bin aber ziemlich aus der Bahn geworfen.

Das war alles sehr belastend für mich. Meine Mutter hatte mich längere Zeit unterstützt. Als ich zu dieser Zeit erstmals die Früchte des 324-Mark-Gesetzes – ein vom Staat gefördertes Sparprogramm für Kleinverdiener – ernten wollte, mußte ich das Geld an meine Mutter zurückzahlen.

Bis zu meinem 25. Lebensjahr hatte ich neun Klassen der Schule in Spanien und Deutschland besucht, erlernte bei der Bundespost den Beruf des Jungpostboten, arbeitete dort bis zu meiner Kündigung, verdiente als Fernmeldebauer bei zwei Firmen gutes Geld, bis beide pleite gingen, diente 15 Monate bei der Bundeswehr und war etwa ein Jahr arbeitslos. Ich hatte Gewalt in der Familie, Vertrauensbruch in der Schule durch Lehrer und Direktor, kriminelle Machenschaften von Vorgesetzten und Firmeninhabern kennengelernt. Ich schloß erste Freundschaften, setzte mich für das Recht junger Leute ein und erstritt es auch – für sie und für mich. Der Staat half mir, als ich ganz unten war, auch wenn es mir selbst unangenehm war. Ich wollte keinem auf der Tasche liegen, auch nicht Vater Staat.

Irgendwie war ich immer noch blauäugig, besaß aber schon eine enorme Menschenkenntnis. Wie sollte es mit mir weitergehen? War ich reif für eine selbständige Arbeit? Wie weit war meine Fähigkeit gediehen, anderen Menschen zu helfen? Diese Fragen stellte ich mir nicht im Wortsinne, unterschwellig aber arbeiteten sie schon in meinem Gehirn. Als ich von der Post weggegangen war, gab es ja nicht wenige, die mir nichts zutrauten. Und tatsächlich hatte ich mit meinen 25 Jahren auch noch nichts Großartiges geleistet. Hatten diese Leute also wirklich recht?

Es ist wieder einmal Sommer, ich hänge mit Jörg Aichmann, der auch arbeitslos ist, rum, wir saufen auch schon mal, können nichts mit uns anfangen, reden viel. Endlich erreicht mich ein Angebot, bei einer Brandschutzfirma anzufangen. Davon hatte ich ebenso viel Ahnung wie vom Kühemelken. Mein Glück wiederum war, daß der Brandschutz eine relativ neue Dienstleistungsrichtung war.

Also fange ich dort an. Nun will ich keinen Vortrag über Brandschutz halten. Nur soviel: Fortan bewege ich mich fast nur in dunklen Kellerräumen von Betrieben, Irrenanstalten, Atomkraftwerken, öffentlichen Gebäuden. Der Brandschutz muß verhindern, daß überall dort, wo Stromkabel verlegt sind, wo brennbare Medien durch Rohre geführt werden, wo hohe Temperaturen und Drücke entstehen usw., dennoch keine Brände ausbrechen. Oder wenn sie ausbrechen, daß sie sich nicht ausbreiten können. Vortrag beendet.

Ihr könnt euch vorstellen, daß das Teamarbeit in höchster Vollendung bedeutet. Viele Gewerke arbeiten hier gleichzeitig miteinander, manchmal leider auch gegeneinander. Alles, was ich in der Schule abstrakt lernen mußte, war hier praktische Realität: Berechnung von Querschnitten, Flächen, Widerständen. Meine Welt sind die Kabelschächte, manche vor Jahrzehnten angelegt, die meisten viel zu eng, dunkel, dreckig Da mußte ich rein, prüfen, abdichten, ausbessern, verschließen. Ich habe viel gelernt von Elektrikern, Lüftungsbauern, Klimatechnikern, Installateuren. Ganz wichtig war: Ich war zurück im Berufsleben, habe mein Geld mit ehrlicher, körperlicher Arbeit verdient.

Selbstständigkeit – mit eigenem Fitnessstudio

Ein Gedanke begleitet mich aber schon seit meiner Schulzeit mit meinem Freund Stefan Vossbruch: Wir wollten uns selbständig machen. Wir wußten nicht wie und was, wir wollten nur selbständig sein. Da Stefan in einem Fitnessstudio trainiert, kommt er auf die Idee, ein eigenes Studio aufzumachen. So schwer schien das ja nicht zu sein, obwohl es schon einige gab. Drei oder vier damals, 1985. Heute sind es etwa 120 Studios in Köln.

Mir fehlt die Vision, gebe ich zu, Stefan dagegen ist von der Idee überzeugt. Wir finden passende Räume. Stefans in Frührente gegangener Vater schießt für drei Jahre Geld vor. Es kann losgehen! Stefan eröffnet das Studio, ich gehe jeden Abend nach meiner Arbeit auch hin, und nach einem halben Jahr meint Stefan, wir beide könnten von dem Ertrag des Studios leben. Also stieg ich mit ein. Antonio ist jetzt Fitness-Trainer (!) und gefühlter Inhaber. Ich lerne Leute kennen, die sich durch uns Heilung versprechen, nicht nur mehr Muskeln. Ich lerne Leute kennen, die ein Leben lang Medikamente eingenommen haben, ohne wirklich gesund zu werden.

Medikament heißt, grob übersetzt, »mit dem Geist heilen«. Das hat man vergessen. Mir stand ja das am Anfang des Buches geschilderte Erlebnis des Unfalls, bei dem ich ein nie dagewesenes Glücksgefühl spürte, noch bevor. Noch hatte ich meinen Schutzengel nicht kennengelernt, ganz zu schweigen war mir – übrigens bis heute – noch kein Blick in die geistige Welt vergönnt gewesen. Damals aber spürte ich schon, daß Heilung nicht nur Muskeltraining plus Spezialcocktails plus Medikamente sein konnte. Ich habe und hatte nie etwas gegen Leistungen der Humanmediziner. Sie haben mir auch schon geholfen. Aber sie haben Grenzen, die sie nicht überschreiten können, wie viele mir selbst sagten.

Wie kann ich Menschen helfen, sich gut zu fühlen? Das treibt mich um, mich jungen Mann im Fitness-Studio. Daneben lerne ich, kaufmännisch zu denken, ständig baue ich irgendwas um. Endlich kann ich so leben, wie ich es will. Kein Vorgesetzter kann mir irgendwelche blöden Aufgaben stellen. Ich kann mir meine Zeit einteilen. Ich habe Zeit für gute, sinnvolle Gespräche mit meinen Kunden. Meine Gedankenwelt wird reicher, ich werde zunehmend selbstsicherer.

Alle Prognosen der Zweifler erfüllten sich nicht. Unser Geschäft läuft viele Jahre sehr gut. Wir lernen dazu, die Kunden sind zufrieden. Ich war ja nicht nur Jungpostbote, Fernmeldemonteur und Brandschutzmann gewesen, sondern auch ein sehr trainierter, sportlicher Typ. Ich komme sehr gut mit den Besuchern klar. Nun gut. Mein Partner Stefan ist inzwischen verheiratet, hat Kinder. Ich bin noch Single. Unsere Interessen decken sich nicht mehr vollständig. Zehn Jahre sind auch eine lange Zeit. Ist es wieder einmal soweit, sich zu verändern?

Ich beschließe, die gemeinsame Arbeit nicht fortzuführen, informiere zunächst Stefans Frau. Wir sind uns einig, ohne allerdings zu wissen, wie wir uns trennen könnten. Wir versuchen uns zu einigen, wie das mit dem Geld laufen soll. Wir werden uns sogar einig. Bis zu dem Moment, als Stefan von seinen »guten Beratern« dazu gebracht wurde, einen Rechtsanwalt hinzuzuziehen. Dieser versetzte mich wieder in die Situation, ohnmächtig zu sein.

Der daraufhin von mir hinzugezogene Anwalt erwies sich als vollkommen unfähig. Ich stand jetzt vor der folgenden Situation: Streite ich mich jetzt um etwas, was vielleicht in fünf Jahren erst entschieden wird? Das würde aber auch bedeuten, in dieser Zeit keine Weiterentwicklung durchzumachen, sondern an Altem, Vergangenem festzuhalten. Ich will aber das Alte loslassen und auf das Neue losgehen. Ich will die volle Energie in das neue Projekt stecken! Und ich lasse los.

Zum Ärger meines Anwaltes. Er bekam jetzt nur das Geld für die paar Schriftwechsel und verlor einen Kunden, der ihm jahrelang Geld gebracht hätte.

Freilich: Ich stehe jetzt ohne Geld da. Anderthalb Jahre danach war das Studio pleite und ich war froh, an den Schulden nun nicht mehr beteiligt zu sein. Ich hatte meine Energie nicht für einen Rechtsstreit verplempert, sondern für zukünftige Aufgaben aufgespart.

Darauf gebracht haben mich eigentlich Kunden, mit denen ich oft an unserem runden Studiostammtisch gesessen und über Tod und Teufel gesprochen hatte. Sie sagten mir, daß ich mediale Begabungen hätte, die ihnen guttun. Ich dachte lange, der Kaffee wäre bei uns so gut, ehrlich. Sie sagten mir, ihre energetische Situation würde sich verbessern, wenn sie in meiner Nähe sind. Man kann auch Wohlbefinden sagen oder Gesundheit oder Mut oder Kraft oder was sich immer mit positiven Worten umschreiben läßt. Die Leute hatten körperliche Schmerzen oder seelische Probleme und ich half ihnen, die Schmerzen und die Probleme loszuwerden, ohne das freilich bewußt zu wollen oder gar zu wissen. Bestimmt haben wir auch über solche Themen gesprochen. Aber nicht über den konkreten Menschen A mit seinem konkreten Problem B.

Mehrmals gesagt hat es mir Michael Oeffner. »Toni«, hat er gesagt, »immer, wenn ich mit Dir gesprochen habe, geht es mir viel besser!« Michael befand sich in seiner jugendlichen Sturm- und Drangzeit, hatte zwar prächtige Muskeln, aber eben auch seelische Konflikte, über die er viel mit mir sprechen konnte. Nebenbei gesagt, bin ich mit Michael bis heute befreundet, fast 20 Jahre. Er hat jetzt eine Einweihung für Reiki bekommen, interessiert sich für geistige Dinge, für geistiges Heilen. Es waren viele Frauen dabei, aber auch coole Jungs, die alle Streicheleinheiten für die Seele brauchten.

Damit ist es erst einmal vorbei. Nach dem Anwaltsknatsch kommt in mir langsam ein anderes Bewußtsein hoch, das ich noch nicht recht definieren kann. Ich bin ohne Beschäftigung. Ich weiß nicht, wie es weitergehen soll. Zwei, drei Monate warte ich, was passieren würde, ob mich etwas anspringt. Mir war nicht bewußt, daß ich sehr bald schon wieder ein eigenes Studio eröffnen würde, diesmal nur für Frauen.

Ich fahre spazieren, parke und sehe plötzlich vor mir leere Räumlichkeiten. Die Hausmeisterin gibt mir die Adresse vom Eigentümer. Abends fahre ich zu ihm und treffe ihn auch an, obwohl er – wie er mir sagt – nur sehr selten da ist. Ohne viel zu reden, überreicht er mir ein Schlüsselbund und meint, ich könne die Schlüssel behalten, bis ich mich entschieden habe. Hallo, der Mann kannte mich nicht, hatte keine Unterlagen von mir, vertraute mir aber die Schlüssel an!

Dann geht alles sehr schnell. Da ich ein sehr gutes Vorstellungsvermögen habe, ist die »virtuelle« Planung im Nu fertig. Jetzt brauche ich nur noch Geld, jenes Geld, auf das ich bei der Trennung von meinem Partner verzichtet habe.

Herr Landa geht zur Bank und braucht Geld. Ich habe ausgerechnet, daß ich etwa 250.000 DM benötige. Ich erinnere mich an dieser Stelle, wie ich zum ersten Mal vor einem Banker stehe, um einen Kredit für ein Studio aufzunehmen.

Kurz vor Beginn der Unterhaltung entscheide ich mich, von meiner Märchenstrategie abzukommen und die reine Wahrheit zu sagen, was meine finanzielle Situation anbetrifft. Komisch, der Banker, der doch immer vorgibt, nur mit Fakten zu arbeiten, verlangt da plötzlich von mir hellseherische Fähigkeiten. Er fragt nach der Prognose.

Woher soll ich wissen, wie der Laden laufen wird? Wünschen kann man sich viel, aber wissen? Wenn in einer Straße fünf Döner-Imbisse aufmachen, gehen zwei oder drei gut, die anderen machen dicht. Überleben kann auch der, welcher die höchsten Preise verlangt, sogar der mit dem schlechteren Service.

Na gut, mein erster Banker hat mich sehr lange gut beraten, die Geschäfte liefen zufriedenstellend. Der Mann war sehr gut, wurde dennoch versetzt. Die Geschäftsleitung wollte keine emotionale Bindung zwischen Banker und Kunden. Ich weiß inzwischen auch, warum. Ist diese enge Beziehung da, fällt es dem Kunden natürlich leichter, von der Bank noch mehr zu verlangen. Da wechselt man halt den Berater und du sprichst wieder mit der anonymen Bank, nicht mit Herrn Müller oder Reimer. Für mich ist die Beziehung zu meinem Banker ähnlich wie die in einer Ehe zum Partner: Du mußt dich hundert Prozent auf ihn verlassen können, auch in schlechteren Zeiten. Jetzt bin ich also wieder bei meiner Bank und brauche 250.000 DM.

Nach der achten Verhandlungsrunde ist mein neues Studio immer noch mit den gleichen Geräten ausgestattet, nur kostet alles zusammen nur noch 150.000. Was ist passiert? Ich habe mit den Herstellern verhandelt. Und die haben den Preis herabgesetzt, sie wollten ja was verkaufen.

Meine harten Verhandlungen wiederum haben den Banker überzeugt: Ich bekomme den Kredit. Am Eröffnungstag ist mir schon klar, daß es schwieriger werden würde in Refrath als beim ersten Mal. Meine Kritiker meldeten sich zu Wort. Wie kannst du ein reines Frauen-Studio aufmachen? Die trinken doch nach dem Training nichts. Mach doch wieder ein gemischtes, dann sprichst du 100 Prozent der Bevölkerung an.

Was aber keiner auf der Rechnung hatte: Die Frauen kaufen gerne Klamotten! So habe ich nach fünf, sechs Jahren eine große Boutique mit einem Fitness-Studio hintendran. Die Frauen kamen von weither, wir hatten das beste Bekleidungsangebot aller Studios. Bei der Eröffnung hatten wir uns viel Mühe gegeben mit einer Open-air-Veranstaltung, auf der professionelle Sängerinnen und Sänger auftraten. Eine Kundin meines ersten Studios, Julia Schimanowski, hat uns dabei sehr geholfen, hat alle ihre Freunde mitgebracht. Von den Refrathern waren vielleicht zehn Leute gekommen, der Rest waren Julias Freunde und die Künstler.

Sehr wohl war mir dennoch nicht. Und dieses Gefühl blieb. Andererseits habe ich diese Phase genutzt, um meine mediale Begabung zu entwickeln. Ich hatte meine Reiki-Einweihung, habe meinen Reikimeister gemacht.

Diese Entwicklung setzt sich fort bis zu meinem Unfall, den ich euch am Anfang des Buches geschildert habe. Die Idee zu diesem Buch entsteht. Das Frauen-Fitness-Studio habe ich neun Jahre. Fast unmerklich verschiebt sich meine Tätigkeit vom Trainer zum Berater und Heiler für die Frauen in Gesundheitsfragen. Die Frauen kommen in die Cafeteria, um mit mir zu sprechen, nicht, um hier zu trainieren. Die trainieren wollen, fühlen sich von mir vernachlässigt. Ich bin zudem oft unterwegs, um meine neue Aufgabe zu erfüllen.

Ehrlich gesagt, geht es mir in dieser Zeit eher um mich. Ich will mich weiterentwickeln, vor allem in geistiger Hinsicht. Mein Studio hat 400

Quadratmeter Fläche. Zuletzt spielt sich fast alles in den fünfzehn Quadratmetern meines Zimmerchens ab. Der Zulauf ist unglaublich.

Zu dieser Zeit behandle ich auf einer Gesundheitsmesse in Luxemburg erfolgreich eine Frau. Sie war extra aus Köln angereist. Und diese Frau schreibt an den »Kölner Express«, eine einflußreiche Boulevardzeitung im Rheinland, und will wissen, warum über mich noch nichts berichtet worden wäre, ich wäre ein toller Heiler oder so.

Ich erhalte einen Anruf von einer freien Mitarbeiterin, die – wie sich herausstellt – Ärztin von Beruf ist. Sie war mir nicht wohlgesonnen. Aber wie das so ist im Leben: Der sie begleitende Fotograf hatte starke Kopfschmerzen, er konnte seinen Hals kaum bewegen. Ich bot ihm an, ihn nach dem Interview zu behandeln. »Lassen Sie mal«, sagte er, »das habe ich schon zwanzig Jahre. Die Kameras hängen immer an meinem Hals!«

Die Ärztin ihrerseits monierte, die Patienten, die ihr die Heilungen durch mich schildern sollten, wären alle gekauft. In der Richtung lief das. Na schön, denke ich, du kriegst einen Artikel in Postkartengröße mit einem Verriß. Immerhin wissen dann die Kölner, daß es den Landa in Köln gibt.

Dann legt sich der Fotograf auf die Liege. Ich behandle ihn, er steht auf, faßt sich an den Hals und sagt ungläubig: »Die Schmerzen sind weg!« Er wird ganz locker, er entpuppt sich noch als Fan der baskischen Sprache und bedankt sich tausendmal. Bei der Verabschiedung an seinem Auto stellen wir seinen Sitz, der eine starke Rückwärtsneigung hatte, wieder senkrecht.

Am nächsten Tag ruft mich die Ärztin aus der Redaktion an, entschuldigt sich bei mir. Der Fotograf tanze in der Redaktion herum, erzähle allen von dem Wunder mit seiner Heilung. Ich sollte doch verstehen, daß es für eine Zeitung wie den »Express« schlimm wäre, wenn sie auf einen Scharlatan hereinfiele, über den andere längst Bescheid wüßten. Wegen eines anderen Ereignisses käme der Artikel etwas später.

Nach einer Woche kaufe ich mir am Abend an der Tankstelle einen »Express« und falle fast tot um: Eine ganze Seite mit großen Fotos über Antonio Landa und seine heilerischen Fähigkeiten! Darin der Satz: »Man muß ihn einfach liebhaben!« Aber der »Express« wäre nicht der »Express«, wenn nicht ein anderer Arzt auf der gleichen Seite wieder alles in Frage gestellt hätte, auch wenn er die Floskel benutzte, daß es unter bestimmten Umständen tatsächlich zu Heilungen kommt.

Sonntags war die Seite erschienen. Am Montag rief RTL an. Sie baten um ein Interview mit dem »Wunderheiler«, denn diesen Begriff hatte der »Express« gebraucht. Meine Freunde rieten mir, gegen den Artikel vorzugehen. Ich könnte das mit dem Wunderheiler doch nicht so stehen lassen.

Mir ist das egal. Ich helfe auch den RTL-Leuten mit ihren kleinen Wehwehchen. Der positive Bericht wird ausgestrahlt und am nächsten Tag mittags um 12 Uhr wiederholt. Zum Glück half mir eine zufällig anwesende Patientin, um vier Stunden lang mit Interessenten Termine zu vereinbaren. Interessanterweise gehören zu den Anrufern auch Mediziner, denen ihre Kollegen nicht helfen konnten. Ich sage es immer wieder: Die Schulmediziner sind wichtig. Nur, sie können nicht alles. So, wie ich auch nicht alles kann. Schon gar nicht allein, ohne meine Claudia.

Meine Liebe Claudia

Claudia, das wichtigste Kapitel in meinem Leben. Ich habe sie als ganz normale Kundin kennengelernt, sie in meinem ersten Fitness-Klub in Köln-Dellbrück zum ersten Mal gesehen. Ein anderer Kunde hatte sie mitgebracht.

Sie gibt mir zur Begrüßung die Hand. Ich weise sie kurz ein. Der Trainingsvertrag wird abgeschlossen. Sie ist freundlich, nett, sympathisch wie die meisten meiner Kundinnen. Ich helfe ihr bei den Übungen, ich bin ihr Fitnesstrainer.

Ich erkannte sofort, diese junge Frau meint es ernst mit dem Training. Die will was erreichen. Meist erkennt man sehr schnell, zu welcher Kategorie eine gehört. Es gibt welche, die bezahlen für ein Jahr, kommen nur dreimal, dann sieht man sie nie wieder. Die verpassen sogar die Kündigung des Vertrages. Also wird noch einmal für ein halbes Jahr bezahlt.

Claudia nicht. Sie trainiert fleißig, versteht meine Hinweise. So wünsche ich mir meine Kunden. Ich organisierte damals auch Karnevalsveranstaltungen. Die letzte der Session fand im Brücker Jugendzentrum statt. Wir hatten da ein großes Zelt aufgebaut. Und da kam Claudia mit. Die Veranstaltung war passabel, nicht unbedingt ein Reißer.

Anschließend gehen wir noch in eine Kneipe, trinken einen und ich sage ihr schon, daß ich sie ganz nett finde. Claudia erwiderte: »Das sagen alle, wenn sie was getrunken haben!« Nein, sage ich, ich meine das so.

Dann kommt die Alltagsarbeit im Studio und es ergibt sich keine Möglichkeit, ihr erneut zu zeigen, daß ich das mit dem Gernhaben ernst meine. Andererseits war ich längere Zeit Single, und für meine Arbeit

Glücklich: Claudia und Antonio Landa

ist das auch nicht das Schlechteste. Ich spürte jedoch, Claudia wollte schon wissen, wie ich das so gemeint hatte.

Eines Tages kommt sie im Studio auf mich zu und fragt mich, was denn nun sei. Mir ist das unangenehm, ich rede mich irgendwie raus mit Arbeit und wenig Zeit und was man so sagt. Das Dumme ist nur, sie gefällt mir wirklich.

Eines Abends mache ich mir zu Hause gerade etwas zu Trinken, es läutet und eine Stimme an der Wechselsprechanlage sagt: »Hier ist Claudia!« Welche Claudia, denke ich. Hat jemand was im Studio vergessen, wurde jemand eingeschlossen? So was kam ab und zu schon mal vor.

Ich warte an der Wohnungstür, wer da wohl kommen würde. Und dann steht sie da und wiederholt ihre Frage. Ehrlich gesagt, war ich mir noch immer nicht ganz klar, ob ich zu der Zeit eine Beziehung haben wollte.

Ich druckse wieder rum, und Claudia sagt: »Okay, ich wollte nur wissen, woran ich bin.«

»Wir können ja morgen Abend irgendwohin gehen«, erwidere ich. Und sie: »Nein, nein, du mußt dich jetzt nicht verpflichtet fühlen, ist schon gut!«

»Doch, doch, laß uns mal weggehen!«

In Wirklichkeit konnte ich Claudia damals noch nicht einschätzen, ob sie nun eine Partymaus oder ganz anders war. Bisher kannte ich eigentlich nur erstere, und nach einer solchen Beziehung hatte ich keine Sehnsucht.

In die Karibik-Bar, in der tolle Getränke gemixt wurden, wollte sie nicht, also schlug ich ihr einen Spanier vor, bei dem auch Live-Musik gespielt und dabei getanzt wurde. Im Laufe des Abends wurde es da so voll, daß wir beim Tanzen so dicht beieinander waren, daß es fast zwangsläufig zu Zärtlichkeiten kam, was offensichtlich für uns beide gleichermaßen schön war.

An dem Abend gehen wir dann noch zu mir. Ich mache einen schönen Tee und Claudia geht brav nach Hause. Und das stimmt sogar. Jetzt merke ich, da ist was los mit mir.

Claudia geht es wie mir. Aber anstatt Nägel mit Köpfen zu machen, fahre ich erst einmal mit einer Bekannten, mit Sabine Sperber, in Urlaub nach Sri Lanka. Wir hatten nur den Flug gebucht, den Rest wollten wir dort selbst organisieren. Der Urlaub war fast ein Horror. Sabine hatte sich ihr hinternlanges blondes Haar kurz vor dem Urlaub abschneiden lassen und weinte ihm im Urlaub nun nach. Sofort beneidete sie die Frauen in Sri Lanka um deren schulterlanges, dunkles Haar. Wie man schnell wieder so schönes, volles Haar bekommen könnte, wollte sie von ihnen wissen, und schmierte ihre kurzen Strähnen auf Anweisung sofort mit einem übelriechenden dicken Öl ein, das die Haare angeblich vor der Sonne schützen und eben auch schnell wieder wachsen lassen sollte. Das Öl der einheimischen Schönen allerdings roch im Gegensatz zum Touristinnenöl sehr gut. Verbrennungen zweiten Grades kamen bei Sabine hinzu. Ein Urlaub, wie er im Buche steht!

Der i-Punkt war, daß wir auf der Rückfahrt nach Colombo im Zug ausgeraubt wurden. Zum Glück gelang es uns, von der dortigen Polizei einen Stempel zu ergattern, mit dem der Diebstahl amtlicherseits bestätigt wurde und wir in Deutschland Ersatz fordern konnten.

Nach der Rückkehr – ich hatte mir erstmals in meinem Leben einen Bart stehen lassen – kamen Claudia und ich uns für einen Moment wieder fast fremd vor. Dann aber ging alles sehr schnell, wir holten alles nach und waren nach kurzer Zeit ein sehr vertrautes Paar. Offenbar verbanden sich hier zwei alte Seelen. Wir konnten über alles auf sehr offene und vertraute Weise sprechen. Es war alles sehr einfach und sehr schön.

Außerdem hilft Claudia dem Legastheniker ab jetzt bei der Abfassung des Schadensberichtes! War ich froh, daß ich endlich jemand an meiner Seite hatte, der richtig schreiben konnte. Das vertiefte meine Gefühle zu Claudia noch mehr; sie hatte keine Probleme damit, daß ich diese Schwächen hatte.

Bald danach half Claudia auch schon im Studio mit. Vorher hatte sie als Arzthelferin bei einem Orthopäden gearbeitet. Sie kam fix und fertig nach Hause, war erschöpft, weinte. Die Behandlung durch den Arzt in der Praxis muß unmenschlich gewesen sein. Sie war, wie die anderen Helferinnen, verzweifelt, dachte, sie käme da nie raus.

Da ich selbst genug Erfahrungen mit Vorgesetzten und Dummheit gemacht hatte, stellte ich sie schnell vor die Entscheidung: Entweder du kommst ganz zu mir oder du entscheidest dich für deine Arbeit, die dich kaputtmacht, und damit gegen mich.

Die Trennung von der Praxis war sehr schwierig. Der Arzt wollte sie unbedingt behalten, obwohl er sie schlecht bezahlte und behandelte. Patienten mit leichten Sehnenscheidenentzündungen wurden krankgeschrieben und die Angestellten mußten mit dem Kopf unterm Arm arbeiten kommen. Die Reihe der Unverschämtheiten ließe sich fortsetzen.

Von Claudia erfuhr ich, daß der Tagesablauf einer Arzthelferin in jeder Minute mit irgendeiner Tätigkeit, auch mit sinnlosen, angefüllt ist. Unaufrichtigkeit und Lügen gehören zum Praxisalltag. Das führt zur Überforderung und Verzweiflung. Claudia erhält nach psychologischer

Behandlung vom Arbeitsamt eine Umschulung – und da konnte ich helfen – zur Fitness-Fachwirtin. Bis dahin wußte ich gar nicht, daß es so etwas gab. Unser Studio lief zwar ganz gut, aber wir waren froh, daß das Arbeitsamt die Ausbildung mitbezahlte.

Claudia fiel jetzt in das andere Extrem. War sie in der Arztpraxis überlastet, fühlte sie sich jetzt bei uns unterfordert. Sie war es gewohnt, ständig in Bewegung zu sein, und fühlte sich schlecht, wenn mal nichts zu tun war. Das ging so weit, daß sie nach ihrer Umschulung noch einmal anderthalb Jahre beim Finanzamt arbeitete, wo ihr 14 Uhr wegen Energieentzugs durch Kollegen in den Räumen immer die Augen zufielen. Anschließend half sie bei einer Heilpraktikerin, die damals, Anfang der neunziger Jahre, so exotische Dinge wie Ozontherapie, Reiki, Auspendeln und andere Sachen betrieb.

Bei dieser Frau Dr. Mader, die Medizin studiert hatte, bekommt Claudia eine Anstellung. Sie arbeitet halbtags, bekommt sogar ein ordentliches Gehalt dafür, das zu verlangen sie eine ziemliche Überwindung gekostet hatte. Aber die Ärztin wollte Claudia unbedingt und zahlte das gewünschte Gehalt.

Ich war einmal ihre Versuchsperson bei Elektroakupunktur und Messungen des Energiezustandes. Schnell erwies ich mich als ein Problem, denn ich war anders als alle anderen Patienten: gesund. Jetzt stimmten die Messungen nicht mehr. Also erhöhte sie die Energiepunkte, und ich war so aggressiv wie nie zuvor in meinem Leben. Wir merkten das beide aber rechtzeitig, die Energiesituation wurde korrigiert, die Frau hatte quasi nebenbei Dinge gelernt, die sie gar nicht vorhatte zu lernen. Inzwischen ist Frau Dr. Mader eine anerkannte Expertin auf dem Gebiet der Energiearbeit.

Nach eineinhalb Jahren war Claudia allerdings mit ihrer Energie am Ende. Die kranken Patienten entzogen sie ihr. Frau Dr. Mader hatte versäumt, Claudia mit einem Schutz vor Energieentzug zu versehen; das war aus heutiger Sicht ein grober Fehler. So landete meine Claudia schließlich wieder bei mir im Studio. Wir waren 24 Stunden zusammen, wir leisteten uns lange Urlaube, das hatten wir uns einfach verdient.

Der Unfall war dann der letzte Anstoß, aus unserer schon elf Jahre andauernden festen Verbindung ohne Trauschein eine richtige Ehe zu machen. Ich wollte, daß Claudia alle bürgerlichen Rechte einer Ehe in Anspruch nehmen konnte. Es ist schon verrückt, zu einer Zeit, in der Partner Eheverträge abschließen, um keine Verbindlichkeiten einzugehen, dennoch zu heiraten! Nur für die Show?! Das ist wie Eis kaufen, aber keiner darf es essen.

Sei dir bewußt: Alles, was du festhalten möchtest, wird sich von dir entfernen. Alles, was du frei läßt, wird aus Liebe bei dir bleiben. Wir beide sind vollkommen frei geworden. Jeder von uns muß sich entwickeln, damit er seine volle Größe und Schönheit erreichen kann. In Andeutungen habt ihr ja schon mitbekommen, daß mir als Kind kein Engel erschienen ist, der mir die wundersame Prophezeiung meiner besonderen Gabe überbracht hätte. Das ging viel irdischer zu. Und zwar so:

»Antonio, du kannst heilen!«

Ihr erinnert euch noch an das Buch »Die Prophezeiungen von Celestine«, das mir Christa Garbe nach meinem Mopedunfall durch Claudia an mein Krankenbett bringen ließ? Diese Christa Garbe vermittelte mir den Zugang zu britischen Medien in Stansted Hall, einem ganz entzükkenden College. Dort werden seit dem frühen 18. Jahrhundert in einem einmalig schönen, alten Gebäude Menschen in die Geheimnisse medialen Wissens und Verstehens eingeweiht. Seit seiner Gründung finden dort täglich – auch Heiligabend, auch Silvester – Veranstaltungen statt. Vorlesungen, Übungen, Seminare.

Ich flog also zum ersten Mal nach Stansted zu einer »Deutschen Woche«. Die Lehrenden waren von einer eigenen Union geprüfte Leute, die also wirklich an die geistige Welt angebunden waren und keine Märchen erzählten. Die Lehrer bemühten sich, Interessierten ihre Potentiale aufzuzeigen, sie an ihre medialen Fähigkeiten heranzuführen.

Nicht jeder verläßt Stansted Hall als Heiler, Hellsichtiger, Hellfühliger oder hellschmeckendes Medium. Der eine neigt wirklich zum Heiler, der andere hat die Eignung als Schreibmedium, wieder ein anderer zeigt sich als »Channel-Botschafter«, der in der Lage ist, sich mit der geistigen Welt zu verbinden, Kontakt mit Toten, mit den Seelen aufzunehmen. Ich bin total begeistert. Wir machen Übungen in Psychometrie. Du bekommst einen Gegenstand in die Hand gedrückt und beschreibst die Gefühle, die dabei in dir hochkommen. Damit beschreibst du die Person, der dieser Gegenstand gehört, was im Umfeld der Person passiert usw.

Nach diesem Wochenende versuche ich mit einem großen Redeschwall, Claudia zu begeistern, ebenfalls dorthin zu fahren. Sie ist nicht sehr angetan. Sie meint vielmehr, überhaupt nicht genug zu wissen, um die Fragen der anderen zu beantworten. Ich fliege also allein mehrere Male nach England, besuche auch in Deutschland Veranstaltungen mit diesen besonderen englischen Menschen, diesen Medien. Claudia hat zu dieser Zeit Herzrhythmusstörungen, geht zum Kardiologen. Ich sage zu ihr, daß der nichts finden wird. Er findet auch nichts, rät Claudia nur, ruhiger zu werden. Die Störungen waren bei ihr so stark, daß sich ihre Bluse bewegte! Du bist nicht krank, sage ich, deine Seele ist momentan nicht zufrieden. Du lebst nicht nach deiner Medialität, du benutzt deine Talente nicht, die in dir schlummern!

In der Tat schämen sich die meisten, ihre Talente, um die sie in der geistigen Welt gerungen haben, weil sie unbedingt dies oder jenes tun wollten, vor den anderen zu offenbaren. Der Körper reagiert, mitunter auch mit Krankheitssymptomen, die wir in der Regel sogar selbst festgelegt haben. Claudia reagiert mit Herzrhythmusstörungen. Als das schottische Medium Margret Falcorner mit Claudia Kontakt aufnimmt und nach Köln kommt, nimmt sie Claudia das Versprechen ab, doch selbst einmal ein Seminar zu besuchen.

Meine guten Freunde Gerhard und Silvia Fester, beide Heilpraktiker und beide Medium, organisieren dieses Seminar in Benzheim. Margret Falcorner nimmt daran teil. Während der Meditation geht Claudia ab »wie Schmidts Katze«, taucht völlig ab und ist sofort dabei, Informationen zu channeln. Margret zuckt zusammen. »Ich dachte, sie wäre eine Anfängerin«, sagt sie nur. Sie ist so begeistert von Claudia, daß sie sich ihrer annimmt. Margret wird Claudias Lehrerin. Ein harter Weg liegt vor den beiden. Das Schwere ist: Das Medium muß völlig unverfälscht bleiben. Es darf nur das sagen, was gechannelt wird, nicht das, was sie selbst einer Person gern sagen möchte, weil sie Mitleid mit ihr hat oder so.

Die Ausbildung ist in erster Linie auch die Schulung und Stärkung des Charakters. Das Medium muß die Information ungefiltert, eins zu eins, weitergeben. Wir können uns mitunter nicht vorstellen, wie ein Leben verlaufen ist, wie furchtbar und grauenvoll. Wir wissen oft auch nicht, was die wahre Information bedeutet, was sie auslösen wird. Wir müssen es geschehen lassen.

Ich habe dieser Tage – also 2007 – ein Tonband mit Margrets Informationen von 1998 hervorgeholt und mir angehört. Ich hatte gerade das Damen-Fitnessstudio eröffnet. Sie sieht mich ständig, so höre ich auf dem Tonband, in einem Auto durch Deutschland fahren, neben mir die Landkarte. Navigationssysteme gab es noch nicht. Sie sieht mich auf einer Bühne, vor mir viele Zuhörer. Sie sieht also meine Vortragstätigkeit, Jahre bevor ich sie beginne. Und sie sagt mir, daß ich meine Erfahrungen aufschreiben werde! Was ich ja hier – fast zehn Jahre später – mit diesem Buch tue!

Oft werde ich gefragt, warum man sich den Aussagen eines Mediums aussetzt, wenn es doch eigene Entscheidungen verlangt, die ja auch wehtun können. Ich weiß soviel: Die geistige Welt will, daß sich jeder Mensch zum Positiven entwickelt, daß Kräfte frei werden, die in dir schlummern. Du sollst selbstbewußter werden, du sollst falsche Entscheidungen oder Fehler korrigieren können.

Ich bin bei einer Veranstaltung mit Margret in Deutschland dabei, als sie in den gefüllten Saal hinein die Frage stellt, ob ein Architekt da sei, der mit einem Kollegen vor Jahren statische Berechnungen für ein bestimmtes Objekt gemacht habe. Eine wesentliche Berechnung, so Margret, sei falsch, sie müsse korrigiert werden. Der Architekt ist anwesend, die angesprochenen Berechnungen werden überprüft, und im Nachhinein erfahren wir, sie sind falsch und werden korrigiert, großer Schaden wird abgewendet.

Das erlebe ich nicht oft, aber es geschieht. In den meisten Fällen betrifft es die eigene Verhaltensweise, durch die aber Lebensläufe mitunter gravierend verändert werden. Claudia selbst ist ein gutes Beispiel hierfür. Aus einem schüchternen Mädchen, in deren großer Familie immer Mangel herrschte, ist eine sehr selbstbewußte Frau geworden, die sich auch nicht mehr »schuldig« fühlt, wenn es ihr gut geht.

Trotz mancher Anfeindung hat sie ihre Ausbildung zur Heilpraktikerin gemacht. Und das ist nicht ihre einzige Qualifikation, wie ihr wißt. Von ihren acht Geschwistern haben überhaupt nur drei eine einfache Ausbildung beendet. Claudia ist Heilpraktikerin, begreift diese Tätigkeit jedoch gewissermaßen nur als Ausgangspunkt für ihre Arbeit als Heilerin. Sie hat eine große Zukunft vor sich. Vielleicht wird man auch das einmal in einem Buch nachlesen können.

Was mich betrifft, möchte ich euch erzählen, wie und was ich gelernt habe, um den Menschen zu helfen, gesund zu werden und ein schönes, selbstbewußtes Leben mit ihren Familien zu führen. Unabhängig von Anführern, Gurus, Stars oder Helden. Alles Gute, das sage ich dir, steckt schon in dir drin. Du mußt es nur wollen, danach suchen und es finden.

Ich sage dir einfach: Es liegt in Deiner Hand!

Geistiges Heilen – Fiktion oder Wirklichkeit?

Am Anfang meines Buches habe ich euch meinen Unfall geschildert. Nach diesem Unfall war nichts mehr wie es einmal war. Ich wußte jetzt, daß ich in Zukunft als Heiler arbeiten wollte. Aber, wenn ihr mein bisheriges Leben betrachtet, dann seht ihr kaum etwas von besonderen Fähigkeiten, die nur wenige Menschen besitzen. In der Rückschau weiß ich, es war ein langer Übergangsprozeß, der mehrere Jahre dauerte. Ich versuche, das zu beschreiben.

Während meiner Arbeit als Damen-Fitnesstrainer begegne ich immer wieder Menschen, die in verschiedenen Lebensbereichen Schwierigkeiten haben. Sei es mit dem Job, mit der Partnerschaft oder in anderen Bereichen. Ich biete ihnen an, mit mir darüber zu sprechen, weil ich überzeugt bin, daß jeder Mensch immer auch einen anderen Weg gehen kann, auf dem seine Probleme gelöst werden können. Ich verhehle nicht, daß es Zweifler gibt, die einem Fitnesstrainer so etwas nicht zutrauen. Ich bilde also Gesprächsrunden, in denen mehrere Menschen ganz einfach miteinander reden. Am Anfang habe ich das nicht einmal Meditationsrunde genannt.

Wir besprechen zum Beispiel mein Schlüsselbuch »Die Prophezeiungen von Celestine«. Bedeutet dieses Buch dir etwas? Und wenn ja, warum? Langsam wird es doch ein Meditationskreis, obwohl noch immer viel geredet wird. Wohl jeder Mensch hat irgendwann Probleme, auch Angst, und so sind alle in der Runde betroffen. Ich beobachte, daß sich die Teilnehmer gegenseitig Ratschläge geben, nachdem erst einmal die Angst davor nicht mehr da ist. Wichtig ist der geschützte Raum, in dem Vertrauen wachsen kann. Ihr müßt euch vorstellen, ich hatte keinen Mentor, der mir sagen konnte, wie eine solche Runde eröffnet wird, wann und wie sie beendet wird. Ich lerne das, indem ich es mache: »Tu es!«

Daher beherrsche ich es seit geraumer Zeit sehr gut. Ich weiß, jeder kann irgendwann meditieren, weil ich es selbst erlebe. In der Gruppe sind Menschen, die monatelang, sogar über Jahre, keine inneren Bilder aufbauen können; die keinen Zugang zu ihrem Innersten finden, sogar Angst davor haben, was sich ihnen offenbaren könnte. Aber genau das möchte ich in einer geführten Meditation erreichen. Ich versuche, die Teilnehmer an einen friedlichen inneren Punkt zu führen, an dem jeder für sich zu einer Erkenntnis kommt, die ihn im Leben weiterbringt. Gelingt das, beginnt er in diesem Augenblick an der Lösung seines Konfliktes zu arbeiten. Manche wollen schon aufgeben, weil andere Teilnehmer immer wieder tolle Erlebnisse in den buntesten Farben schildern und sie immer nur die Farbe Schwarz sehen. Meine Teilnehmer fallen aber nicht in ein Loch. Ich nehme sie mit. Nicht der Mensch ist besser, der die wunderbaren Bilder aufbaut, und der, der keine sieht, etwa schlechter. Ich lasse solche Vergleiche nicht zu. Keiner ist besser oder schlechter, obwohl alle Welt dir das weismachen will. Es gibt Phasen in der Medialität eines Menschen, da werden wir gerade dadurch, daß »nichts kommt«, weitergebracht, zu einem vollkommeneren Menschen gebracht.

Es ist eine Prüfung des absoluten Vertrauens. Ich selbst hatte eine Phase von etwa drei Jahren, in der ich nichts gesehen habe, obwohl ich sonst sehr blumige Bilder in meinem Geist aufbauen kann. Dennoch habe ich auch in dieser Zeit Meditationen durchgeführt und habe den Leuten Geschichten erzählt. Die Geschichten bauen sich in dem Moment, in dem ich sie erzähle, vor meinem geistigen Auge auf. Das heißt, ich bereite mich bis heute nicht speziell auf eine Meditation vor. Ich möchte auf die Situation, die im Raum herrscht, reagieren können und dazu passende Informationen empfangen. Ich habe mit offenen Augen meditiert, Erlebnisse erzählt und jeden einzelnen an den Punkt gebracht, an den er hinsollte. Wichtig dabei ist, den Betreffenden bis zu einem Punkt zu führen und ihn dann allein weitermachen zu lassen.

Das Boot unseres Lebens fährt immer weiter voran. Und wir sind der Kapitän – unseres Lebens und unseres Körpers. Wir fahren immer weiter. Es gibt keinen Stillstand, jede Minute verrinnt. Wenn ich das Ruder in der Hand habe, kann ich Hindernissen ausweichen, die Richtung ändern. Ich bin aktiv. Andere sind passiv, jammern, beschweren sich immerfort. Sie haben die Brücke ihres eigenen Schiffes verlassen. Sie überlassen den Weg ihres eigenen Lebens anderen. Sie telefonieren mit Menschen, die ihren Weg selbst nicht kennen. Konsequenz: Ihre Situation verschlechtert sich.

In einer guten Meditation werden genau die Punkte angesteuert, an denen etwas geschieht, an denen man sich entscheiden kann, in welche Richtung man sein Leben lenkt. Dieser Punkt kann auch die Erkenntnis sein, daß ich zu hohe Erwartungen hatte, daß ich mich übernommen hatte, die Ziele zu hoch waren. Soll ich diesen Kurs weiterfahren oder soll ich ihn ändern? Immer wieder sehe ich, daß sich Menschen mit Idolen vergleichen und natürlich schlecht dabei abschneiden. Das Idol Albert Einstein wurde von allen bewundert, ja verehrt. Als Familienvater, als Mensch – so berichten seine Biographen – war er grottenschlecht, geradezu unfähig. Willst du so ein Idol sein? Nun sind wir alle keine Einsteins. Aber wir sind alle großartig, auch du! Du hast viele gute Seiten in dir, aber lebst du sie auch? Hast du dir mal die Zeit genommen und alle deine Talente, deine guten Seiten und Taten aufgeschrieben, um sie immer wieder durchzulesen? Mache es einmal und ergänze die Liste, wann immer dir etwas auffällt. Du wirst dich wundern, was sich tut!

Die meisten bemerken nur deine Schwächen und halten sie dir vor, kauen darauf herum. Sie tun es so, als wären sie, als wäre ihr gesamtes Leben makellos. Weißt du, weshalb das funktioniert? Du hast gelernt, die Meinung der anderen sei wichtiger als deine eigene über dich selbst. Du gibst deinen »guten Mitmenschen« die Möglichkeit, dafür zu sorgen, daß du dich schlecht fühlst, nicht so klug bist wie die anderen, nicht so gut aussehend.

Das Schlimmste kommt aber noch: Du paßt dich diesen Leute, die dich geringschätzen, immer mehr an, du willst ihnen gefallen. Eigentlich willst du sogar genau so sein wie sie! Man soll dich nicht von den anderen unterscheiden können. Wenn das eingetreten ist, ist alles verschwunden, was dich auf der ganzen Welt von allen anderen Menschen unterschieden hat: deine Einzigartigkeit, deine Individualität. Du hast Eigenschaften, Vorurteile, Ängste, Glaubenssätze von denen übernommen, die dir im Herzen nie gefallen haben. Ich sage dir: Höre auf dich, es ist dein Leben, die anderen sind dir erst einmal egal! Du mußt 100 Prozent bei dir sein, dann schaffst du es auch.

Das hat nichts mit Egoismus zu tun. Wir kommen auf die Welt, um unser Leben zu leben, um unsere Aufgabe zu erfüllen. Das geht nicht, wenn ich nach dem Willen der anderen lebe. Dann spiele ich nicht mein eigenes Spiel, dann spiele ich das Spiel der anderen. Hier sehe ich meine Aufgabe. Wenn ein Paar begreift, ein Zusammenleben ist nicht mehr möglich, dann sollte es sich doch trennen können, ohne sich die Köpfe einzuschlagen. Ist dein Chef ein Fiesling, dann muß es doch möglich sein, ihm das auch einmal zu sagen. Sagst du es nicht, wird es dir immer schlechter gehen. Aber hallo, nur weil du Angst vor dem Rausschmiß hast? Das ist – glaube mir – oft der Grundstein einer lebenslangen chronischen Erkrankung. Kann dein Chef mit dir machen, was er will? Überlege doch einmal, wo das hinführt. Ihr müßt nicht denken, daß ich nicht von dieser Welt bin. Aber es bleibt dabei: Kein Mensch ist besser als du! Nicht der Papst, nicht die Kanzlerin oder der Typ aus Hollywood, der Sänger, der Radprofi. Dein kleiner Chef schon gar nicht. Wer weiß, wer alles Dreck am Stecken hat, wer welche Leiche im Keller hat.

Stell dir vor, jeder sagt allen ehrlich seine Meinung, jeder muß sich mit seinen Angestellten vertragen, jeder Arbeitnehmer ist ein guter und zufriedener Mitarbeiter. Was wäre das für eine tolle Welt. Du glaubst nicht dran? Ich schon. Unser Gesellschaftssystem ist auf Unkorrektheiten aufgebaut; wir lernen sehr zeitig, damit umzugehen. Du glaubst das nicht? Dann bist du derjenige, der nach einer durchzechten Nacht nicht zur Arbeit, sondern zum Arzt geht, der dich gar für mehrere Tage »krankschreibt«; er sagt sogar, mit dem »Burnout-Syndrom« sei nicht zu spaßen. Ist doch verrückt, aber unser System hält das aus.

Die Leute werden nach einer derartigen Krankschreibung natürlich nicht gesünder. Sie haben nur ein bißchen gelogen, und der Arzt gleich mit. Ich will euch was sagen: Ich spüre energetische Veränderungen, die in absehbarer Zeit unser aller Bewußtsein erreichen werden. Aber dazu später noch ein Satz mehr. Ich denke, jeder wird mit einem göttlichen Kern geboren. Den trägt er in sich. Der eine wird in einem Krisen- oder sogar Kriegsgebiet geboren, der andere kommt behindert zur

Welt. Der dritte muß in seinem Leben große Widerwärtigkeiten erdulden. Welche Kraft müssen solche Personen haben, welche Eigenschaften erwerben sie, um in einem anderen Leben besser leben zu können?

Wie schnell wird über Arbeitslose oder Obdachlose abfällig geurteilt. Wer weiß denn, wer denen ein Bein gestellt hat, welches Ereignis denen die Beine förmlich weggehauen hat? Wer hält Massenentlassungen eines großen Konzerns für richtig und moralisch? Ich gehöre nicht dazu, ich bin kein Profiteur.

Den normalen Leuten will ich Mut geben, sich bewußt zu werden, daß sie ihr Leben in die eigene Hand nehmen müssen. Nur dann kannst du es verändern und verbessern. Ich erzähle das Beispiel einer vielleicht 50jährigen Frau, die sehr verbittert zu mir kam. Die Ehe lief schlecht, man redete nicht mehr miteinander. Ich habe mich einfach mit der Frau über alles unterhalten. Ich hatte Zeit für sie. Es dauerte nicht lange und die Frau veränderte sich, konnte wieder mit ihrem Mann reden. Ich hatte einfach ihre Probleme von verschiedenen Seiten beleuchtet. Jetzt begriff sie, daß ihr Mann so schlecht nun auch nicht war und ihre Probleme nicht unlösbar. Als ich wegen meiner Reisetätigkeit nicht mehr soviel Zeit für sie hatte, merkte sie erst, wie gut ihr die freien Gespräche mit mir getan hatten. Ich sagte ihr, daß sie die weiteren Schritte auch allein gehen könnte, denn sie wußte jetzt, in welche Richtung sie gehen mußte.

Viele Informationen bezog ich aus der geistigen Welt, mit denen ich Themen angehen konnte, die mir zuvor völlig fremd waren. Bis heute sind die Leute immer wieder erstaunt, wie schnell ich an ihre Themen herankomme, auch wenn nicht ein Satz darüber gesprochen wird. Ich besitze einfach die Fähigkeit, diese Dinge zu fühlen, ich sehe mit dem

Herzen, deswegen bin ich der Heiler, dafür bin ich da. Mein Gegenüber sagt zum Beispiel, mir tut das Knie weh, was ja sein kann. Abgesehen von einer Sportverletzung etwa ist jede Störung im Körper seelischen Ursprungs. Der Verletzung sind zum Teil dramatische Entwicklungen in der Familie vorausgegangen. Wenn wir das erst einmal erkannt haben, dann können wir uns locker der Lösung des Problems zuwenden. Erst müssen wir es erkennen, dann können wir es auflösen. Wenn ich wir sage, meine ich das auch. Zum Heilen gehört der, der geheilt werden möchte, und der, der die geistigen Mittel dazu besitzt. Wir müssen erkennen, was uns die Energie raubt.

Saß ich am Anfang mit drei, vier Leuten da, kamen nach und nach immer mehr. Es hatte sich herumgesprochen, daß hier geholfen wird. Manche hatten sich erkundigt, was das für Urkunden in meinem Studio seien, auf denen japanische Schriftzeichen zu sehen waren und der Begriff Reiki.

Reiki – mein »Einstieg« zum Heiler

Da es nicht nur Besucher meines Studios nicht wußten, will ich das schnell erklären, denn das Befassen mit Reiki gehört zu den wichtigen Bausteinen in meinem Leben. Jahre, nachdem wir gemeinsam zum Judo gegangen waren, treffe ich in Köln »zufällig« meinen alten Sportfreund René wieder. »Auf dich habe ich gewartet«, sagt er und gibt mir die Telefonnummer eines Reiki-Meisters. Ich hatte ihn bis zu diesem Treffen über 15 Jahre nicht gesehen und – schon gar nicht erkannt. Ich hatte noch nie von Reiki gehört, rief aber an und war schnell begeistert.

Reiki ist also ein von dem Japaner Dr. Ussui um 1900 wiederentdecktes Energiesystem, welches zur Heilung von Menschen und allem, was lebt, verwandt wird. Es geht davon aus, daß in sieben Chakren – Energiezentren im Körper – Energie entsteht, weitergeleitet oder blockiert wird. Diese Chakren stehen mit unterschiedlichen Organen in Verbindung und werden ihnen zugeordnet. Sie stehen auch in seelischen Verbindungen, was in unserem Kulturkreis wenig bekannt ist und immer wieder verachtet wird. Von oben nach unten sind das: Das Scheitel- oder Kronenchakra (Farbe Violett), es befindet sich unterhalb des Mittelscheitels; das Dritte Auge (Indigoblau), zwei Zentimeter mittig über den Augenbrauen gelegen; das Kehlkopfchakra (Türkis); das Herzchakra (Grün); der Solarplexus oder das Sonnengeflecht (Gelb), unterhalb der Rippenbögen; das Bauchnabelchakra (Orange); und das Wurzel- oder Bodenchakra (Rot), oben zwischen den Beinen.

Der Reiki-Meister lehrte mich vieles über die Chakren und ihre seelischen und organischen Zusammenhänge und erklärte mir, wie diese Chakren geöffnet werden, damit die Energie fließen kann. Die Prüfungen erfolgen in drei Schritten. Sie werden Einweihungen genannt. Damit verbunden ist jeweils ein Ritual, nicht sehr spektakulär. Der Meister gibt seine Kenntnisse und Erkenntnisse weiter. Keine Geheimnisse, wie manche meinen. Denn jedermann, also auch du, kann diese Kenntnisse erwerben.

Wer Reiki beherrscht, wird pfleglich mit seinen Chakren umgehen, um immer gute Energien zu haben. Der Eingeweihte, der seine Patienten behandelt und mit Energie versorgt, gibt nicht »seine« Energie ab. Er ist nur der Kanal, durch den göttliche Energie, Energie aus der geistigen Welt, weitergeleitet wird. Verrückt, nicht wahr? Bei Reiki wird meist mit den vier oberen Chakren gearbeitet, und da die Hände oberhalb des Herzchakras liegen, kann die Energie von Leuten ab dem ersten Reikigrad wunderbar über die Hände nach festgelegten Regeln abgegeben werden.

Für mich als Anfänger in der Heilkunst war Reiki deswegen wunderbar, weil du mit einfachen Mitteln Schmerzen lindern oder beispielsweise Blutungen und vieles mehr zum Stillstand bringen kannst.

Reiki-Einweihung – Legende oder Realität?

Wenn ich als Reiki-Meister bei einem Menschen eine Reiki-Einweihung machen soll, geht das etwa so: Es ist ein Ritual, eigentlich ein geheimes Ritual, bei dem ich den Einzuweihenden sozusagen auf den Weg schicke, damit er irgendwann auch den zweiten oder dritten Grad erwerben kann. Ich stelle mich hinter die Person, streiche ihm die Aura, das energetische Feld, das jeden Menschen umgibt, aus. Diese Aura hat wie eine Zwiebel sieben Schalen. Ich spreche dabei Sätze wie ein Gebet, und wiederhole sie wie ein Mantra, gehe dann um den Menschen herum und »behandle« mit unterschiedlichen Techniken sein Chakra. Am Ende drücke ich ihm die Füße fest an den Boden. Ich binde ihn sozusagen fest an den Boden an, ich erde ihn. Die Energie, die in ihn hineinfließt, muß wieder abgeleitet werden. Das ist wie bei Strom oder Wasser. Alles, was fließt, muß auch wieder abgeleitet werden. Das geschieht sieben Mal, weil es sieben Chakren gibt.

Die Personen reagieren dabei sehr unterschiedlich. Manche haben einen totalen Flash, sehen Sternchen vor den Augen, ihnen wird schwindlig. Sie bekommen diesen Energieschub ganz direkt mit. Sie bekommen Hitzewallungen, spüren Kälteschauer, haben einen trockenen Mund, stehen kurz vor einer Ohnmacht, fangen an zu weinen, die Verdauung macht sich stark bemerkbar. Es gibt bei diesen Menschen nichts Körperliches, was nicht passieren kann. Keine Angst, es ist alles unbedenklich!

Es gibt auch Menschen, die überhaupt nichts spüren. Ich denke, es ist bei einigen eine Glaubensfrage. Sie wollen hinterher noch alles belegt haben. Sie machen eine Einweihung, um bestätigt zu bekommen, daß es bei ihnen nicht funktioniert. Doch es funktioniert auch bei ihnen, wenn auch nicht sofort.

Ich rede weiter von der ersten Gruppe von Menschen: Sie werden müde, melancholisch, fremde Gedanken schwirren durch ihren Kopf. Die meisten wollen erst einmal keinen anderen sehen. Sie sind zwar happy nach dem, was ihnen geschah, wollen aber Ruhe.

Es folgt ein 21tägiger Reinigungsprozeß ihres Körpers, eine Entschlakkung, eine Entgiftung. Die Leute wundern sich. Wie geht das denn, der ist um mich rumgeturnt und jetzt kann ich öfter die Toilette benutzen, obwohl mein Arzt meine Verdauung nicht in Schwung gebracht hat. Sie erschrecken auch, weil die Entgiftung sehr schlechte Gerüche produziert. Bei vielen ist das auch mit einem sehr starken seelischen Auf und Ab verbunden. Man zweifelt an Dingen, die man kurz zuvor noch am liebsten getan hat. Man ist plötzlich bereit, Sachen zu hinterfragen: Habe ich manches wirklich gern gemacht oder nur wegen der anderen Leute? Viele gehen ihre ersten selbständigen Schritte, ohne einen anderen zu fragen.

Ich weiß von vielen, meist sind es Frauen, die ihren Männern nicht sagen durften, daß sie eine Reiki-Einweihung gemacht haben. Ich frage mich, was im Jahre 2007 noch für alte Machtstrukturen in den Familien existieren. Aber auch hier gilt: Das Problem muß die Frau in die Hand nehmen. Wenn sie sich ändert, weil sie es erkannt hat und es will, hat vielleicht auch der Mann die Chance, sich zu ändern. Nicht rabiat, nicht zerstörerisch, sondern auf einem menschlichen Weg. Oder der Mann verliert seine Frau. In dieser Zeit durchläuft ein Mensch praktisch den gesamten seelischen Wanderweg seines Lebens: Die Infragestellung einer Beziehung, einer Beschäftigung, das Hals-über-Kopf-Verlieben, was tue ich bis an mein Lebensende? Auf welchen Säulen stehe ich eigentlich? Ist es doch nicht der frei gewählte Weg, den ich gehe?

Die Einweihungen, von denen ich hier rede, geschehen auf freiwilliger, rein spiritueller, geistiger Ebene. Jedenfalls habe ich niemanden gegen seinen Willen eingeweiht. Das wäre ja eine Vergewaltigung. Täte ich es, käme die geballte negative Energie auf mich zurück. Habe ich einen Saal von 50 oder 100 Leuten vor mir, bin ich dagegen in der Lage, gleichzeitig Energie weiterzuleiten. Ich habe bei Beinlängenkorrekturen das Energieniveau sehr stark anheben können und gleichzeitig mehreren Dutzend Leuten helfen können.

Häufig fragt man mich, ob von mir behandelte Leute ihr gutes energetisches Niveau behalten können oder ob sozusagen nachgebessert werden muß. Das Ziel ist immer, daß der Mensch selbständig seinen guten Zustand halten kann. Am Anfang ist das schwer, gelingt mit der Zeit aber immer besser. Wer wieder an sich selbst zweifelt, wird es nicht so leicht schaffen wie ein anderer. In der Anfangsphase braucht nur einer zu kommen, der behauptet, besser zu sein, nur er könne dies und das, und schon bleibt das Selbstbewußtsein wieder zurück. Denke an die Bibel. In ihr wird schon vor den selbsternannten Gurus gewarnt. »Nach mir werden noch viele kommen, die angeblich in meinem Namen handeln«, steht da. Sie würden euch von Erscheinungen erzählen und davon, daß nur sie die Auserwählten seien. Es ist zum Lachen. Du bist der oder die Auserwählte! Ich sage immer, alles Gute und Starke ist in dir. Bevor der Zweifler bei sich tapeziert, hilft er mehrmals bei Nachbarn. Er erkennt nicht, wie notwendig es ist, etwas bei ihm selbst zu verändern. Was bremst ihn?

Jetzt aber nicht wegsehen! Es sind unser Wohlstand, die Erziehung, die Konventionen, die Obrigkeit. Nicht wir lösen unsere Probleme, wir lassen andere unsere Probleme lösen. Aber wie? Willst du cool sein, hol dir Red Bull. Red Bull hat weniger Koffein als eine Tasse Kaffee. Dennoch kaufen die Leute diese Scheinlösung Aufputschmittel! Wir sind bequem geworden, streben nicht an, uns und die Umstände zu verändern. Deswegen haben es die Regierungen auch nicht schwer. Sie werden gewählt, kurze Zeit später sind die uns angebotenen Lösungen der Probleme vergessen. Viele sagen, ich habe das doch immer so gemacht, ich habe doch immer Ja gesagt, was sollen denn meine Freunde sagen, wenn ich es plötzlich nicht mehr so mache! Was sind denn das für Freunde, wenn sie sich mit deinem Unwohlsein abfinden?

Das Außen, die Welt des Konsums allein ist doch schlimm genug. Du hast Angst, dann nimm unser Mittel gegen Angst. Du hast kalte Füße, dann kaufe unsere geheizten Pantoffeln. Mir hat kürzlich ein Journalist erzählt, daß er sich als Knabe unbekleidet auf sein Bett gelegt habe und er es mit Gedankenkraft fertig gebracht habe, sich gedanklich eine wärmende Decke umzulegen. Er wollte jetzt wissen, ob er das geträumt habe oder ob das möglich ist. Es ist möglich! Deine Gedanken können deine kalten Füße erwärmen, wenn dein Geist dazu bereit ist. Der Geist beherrscht die Materie. Kinder gehen spielerisch damit um. Nicht umsonst steht in der Bibel: »Und werdet wie die Kinder!«

Träume und Wirklichkeit

Ich kann mich erinnern, mir als Kind meine Träume immer bestellt zu haben. Sie wurden nachts »gesendet«. Ich muß wollen, daß der Traum erfüllt wird. Meine Gedankenkraft hilft mir, Träume zu haben, die sich erfüllen. Ich habe mir immer das Bestmögliche gewünscht, eine große Wohnung für meine Familie. Als Kind wünschte ich mir, sobald ich ein Autonummernschild mit drei oder vier Siebenen sah, viel Geld zu besitzen. Auch als Erwachsener setzte ich das fort. Ich spucke mir auf beide Daumen und drücke sie ganz fest, solange ich mir etwas wünsche.

Zu meinen Wünschen zählten immer weite Reisen. Dazu wollte ich auch noch eingeladen werden, weil Ortskundige natürlich von Vorteil sind. Das klappt seit Jahren. Zuletzt 2007. Auf Einladung eines Freundes befuhr ich auf seinem Boot die zauberhaften Wasserwege der Havel in Brandenburg! Ich wünschte mir immer Gesundheit! Ich bin bis heute kerngesund, von einigen Blessuren beim Handwerken mal abgesehen. Ich habe nicht das Thema Krankheiten, ich brauche es nämlich nicht. Und ich benehme mich auch entsprechend. Ist eine Grippe im Anzug, mache ich sofort etwas dagegen. Auch Geld habe ich mir in Hülle und Fülle gewünscht. Und hatte ich es? Zumindest habe ich alle Projekte auf die Reihe bekommen. Ich lebe nicht in Saus und Braus, kann mir aber alle vernünftigen Wünsche erfüllen. Dabei hatte meine Mutter mit uns drei Kindern alle Mühe, uns zu kleiden, zu ernähren und groß zu kriegen. Wir mußten kleine Brötchen backen. Ich nahm mir aber vor, es einmal besser zu haben.

In dem Zusammenhang noch eine Anekdote. Mein Pfarrer war auch mein Religionslehrer. Zu mir war er böse, weil ich aus Spanien kam. Ich spüre noch, wie er meine Wangen zwischen Daumen und Zeigefinger zwirbelt, bis die Tränen kommen. Für meine Mutter war das die Hand Gottes. Vor der Erstkommunion mit neun Jahren sollten wir eine Testbeichte ablegen. Richtig gehört: Testbeichte! Mir war klar, diesem Mistkerl würde ich niemals die Wahrheit sagen können, der würde dich immer weiter quälen. Ich belog ihn von vorne bis hinten. Wobei ich bei Gott einen Vermerk hinterließ: Sollten diese Lügen am jüngsten Tag zur Sprache kommen, müßte ich ihm alles erklären können. Und ich baute fest auf seine Nachsicht. In den Tagen nach der Kommunion beobachtete ich, wie er die anderen Jungs, die ihm offenbar ihre kleinen Sünden gebeichtet hatten, mit seiner Wangendrehkneiftechnik quälte. Anders als meine Mutter fanden das die Eltern dieser Knaben nicht so gut. Einer der Väter verpaßte ihm sogar einen Faustschlag und er ward an der Schule nie mehr gesehen. Der Pfarrer hatte wohl noch andere kleine Vergehen in seiner Dienstzeit unter Jesus Christus begangen.

Ich will damit sagen, ich habe nicht nur früh gelernt zu träumen, sondern auch auf meine Gefühle zu vertrauen. Früh erwarb ich so Menschenkenntnis, schulte meine Intuition, die in meinem Leben nur von Vorteil war.

Heute weiß ich: Was ich damals als Kind und dann durch Reiki gelernt habe, war eine gute Grundlage. Ich bin niemals stehengeblieben, bin Schritt für Schritt in meinem Wissen und in meiner Erkenntnis weitergegangen. Stell dir vor, du würdest zwanzig Jahre nach Erwerb der Fahrerlaubnis immer noch so fahren wie damals. Oder alle würden fahren wie Anfänger. Ein Stau wäre vorprogrammiert.

Erst wenn ich meiner Intuition folge, mich anbinde an den unendlichen Fluß der göttlichen Energie (was nichts mit Religion zu tun hat, sondern nur mit Gott), erst dann kann ich maximal helfen. Wenn es richtig ist, daß göttliche Energie für alle da ist – und daran zweifle ich nicht – dann wird das Herz weit.

Die Verknappung von Energie, von Arbeit, von Wahrheit, von Gesundheit und Wohlstand ist nicht gottgewollt, sondern von Menschen gemacht. Schau dir die Vorschriften und Gesetze an, sieh, was die Kirchen und Religionen von dir wollen, begreife, welche unendliche Manipulation von den Medien dich kleinkriegen soll und versuche dir darüber klarzuwerden, wer an all dem verdient, wer dich so haben will, wie du dich selbst nicht magst: klein, verängstigt, in Schablonen gesteckt, gehorsam, seelisch krank. Ich will dich groß, mutig, mit freiem Geist, kritisch und seelisch gesund. Wenn du das auch willst, bist du bei mir, bei Claudia und unseresgleichen richtig.

Erste Schritte zur Selbstfindung

Meine damaligen Studiogäste wollten offensichtlich in meiner Nähe sein und wurden erst einmal neugierig. Ich weiß gar nicht, ob ich damals schon von Heilung gesprochen habe. Einige, die mehrmals an meinen Sitzungen teilgenommen hatten und meinten, sie hätten alles verstanden, sie wüßten jetzt mit ihrem Leben umzugehen, langweilten sich. Ich erwiderte, so schnell ist dein Leben nicht dauerhaft zu verändern. Und siehe da, nach einigen Wochen waren sie wieder bei mir, weil sie sich überschätzt hatten. Einigen fiel es auch schwer, sich in ihrer Familie mit ihren veränderten Einstellungen zu behaupten. Den anderen tut es nämlich auch weh, mit anzusehen, wie sich der Partner, die Mutter, die Tochter verändert hatten! Wieder ein Beispiel: Eine Mutter hat Probleme mit ihrem Sohn. Er sei liederlich, faul, widerspreche dauernd usw. Es stellt sich schnell heraus, daß der Sohn die Inkonsequenz seiner Mutter ausnutzt, die letztendlich doch immer die auf dem Boden verstreuten Klamotten aufhebt, wäscht und in den Schrank legt. Erst als sie stark blieb und zu Besuch kommende Freunde über die herumliegenden Sachen fielen, begann beim Sohn ein Erkenntnisprozeß, der auch das Verhältnis zu seiner Mutter veränderte und damit verbesserte.

Hat ein Mensch Gottvertrauen, dann hat er Vertrauen zu sich selbst. Und jeder kennt zumindest einen mit diesem Gottvertrauen. Und meist weiß man von demjenigen auch, daß er zumindest mit den Begrenztheiten der Kirche nichts am Hut hat. Wo kommt diese Zuordnung dann her? Der so titulierte Mensch ruht in sich, hat Ausstrahlung und Kraft, Humor und Güte. Ich weiß, der hat eine gesunde Seele. Er vertraut auf eine Kraft und ich weiß, das ist eine göttliche Kraft. Wenn du dich nicht dauernd reduzierst, hast du alle Möglichkeiten, du kommst an alles ran. Wenn du dich mit diesen Themen beschäftigst, ziehst du auch diese Energien an. Wenn du dich hingegen nur mit dem Negativen beschäftigst, kein Vertrauen in dich selbst hast, dann wirst du negative Energien und Widrigkeiten anziehen. Dann triffst du die Menschen, die dich nicht mögen, nicht brauchen, nicht einstellen, nicht lieben usw. Wenn du Hoffnung mitbringst, ein positives Gefühl, die Bereitschaft, dich zu bewegen, kommst du zum Erfolg.

Ich weiß schon, nur ein Bruchteil der Menschen kennt Reiki, weiß darum, welche energetischen Zusammenhänge es auf unserer Welt gibt. Dennoch gelten sie für alle, und ich wiederhole es gerne: Jeder kann von dieser Energie abhaben, wenn er sich ein wenig bemüht. »Suchet und Ihr werdet finden« heißt ein weiterer Bibelspruch. Ich persönlich kenne etliche Paare, die lange vor ihrem Zusammentreffen wußten, daß sie gerade den Partner treffen würden. Sie haben ihn sich sehr stark gewünscht und nie daran gezweifelt.

Das gilt nicht nur für Partnerschaften, das gilt auch für Lebenssituationen. Ich treffe einen Clochard, der mit einem alten Fahrrad unterwegs ist. Wie es ihm geht, möchte ich wissen. Seine Antwort: »Eigentlich gut. Ich habe interessante Gespräche, komme mit guten Leuten zusammen. Ich weiß, vielen geht es schlechter als mir. Vor dem DM-Markt, wo ich häufig sitze, beobachte ich die Leute, die vollbepackt die Halle verlassen. Ich sehe, wie unglücklich sie sind. Sie gehen vollbepackt in ihre schicke Wohnung. Die haben mir nichts voraus, gar nichts. Auch wenn abends aus den Fenstern sanftgelbes Licht scheint, in den Zimmern herrscht Eiseskälte. Ich schlafe sicher auf einem härteren Nachtlager, und wenn ich mal einen neuen Schlafsack brauche, dann wünsche ich mir einen und die Leute legen mir ein paar Cent mehr in meine Büchse oder jemand bringt mir einen vorbei. Zunehmend setzen sich abends auch junge Leute zu mir und wir reden stundenlang nicht über Tod und Teufel, sondern über unser Leben. Auch ich kann erzählen, von meiner früheren Selbständigkeit, davon, wie ich dem Außen gefallen wollte. Im Herzen war ich nie selbständig. So ein Leben mit dem Ellenbogen liegt mir nicht. Als ich meinen Besitz verlor, war ich erleichtert. Es geht mir wieder gut.«

Ich gebe ihm zum Abschied ein paar Euro. Der wird sich gleich ein paar Bier dafür holen, lese ich an den Augen der Passanten ab. Ob er bald den Ferrari hat? In Berlin beobachtete ich kürzlich Punker, die sich ein kleines Ladenlokal organisiert hatten und darin und auf dem Fußweg davor das machten, was ihnen Spaß machte. Ein anderer Lebensentwurf für einige Zeit. Na und? Lieber Spießer? Der schlaue Landa hat sich schon dabei ertappt, mal in dieses Niveau abzurutschen. Aber ich habe es bemerkt und ich kann es korrigieren.

Umarmung ausdrücklich erwünscht!

Ich trage bei Veranstaltungen und Messen seit einiger Zeit T-Shirts mit diesem Slogan. Komisch, viele, die mich immer umarmt hatten, schalteten jetzt beim Lesen erst einmal ihren Verstand ein. Wie meint der das? Ich will einfach umarmt werden, weil das schön ist, weil es entspannt, Nähe schafft usw. Kennst du keine Leute aus deiner Bekanntschaft, die sich schon nach kurzer Zeit ihres Zusammenseins immer weniger umarmen?

Es gibt Leute, die sind offen, die reagieren auf dich. Die können auch zuhören und erzählen selbst gern. Sie machen aus ihrem Herzen keine Mördergrube. Sie nehmen gern Hilfe an, auch im therapeutischen Sinne, freuen sich über Fortschritte bei ihren Behandlungen. Andere wissen schon relativ viel, um nicht zu sagen alles. Sie stehen mit verschränkten Armen vor dir, und nach deiner Erklärung kommt gleich ihr »Ja, aber…«. Die haben eine Menge Bücher gelesen, 250 Seminare besucht und stehen dennoch völlig unsicher vor dir. Diese Leute haben schon alle Themen behandelt, die Sache mit der Mutter oder dem Vater, für sie alles alte Hüte. Einen Moment später brechen sie in Tränen aus, weil eine Sache sie überwältigt, die sie überfordert. Die muß ich auf den Boden der Realität zurückholen. Noch andere stehen meinen Auffassungen fast konträr gegenüber, wollen aber dennoch etwas darüber wissen, ohne das aber gern zuzugeben. Werfe ich dann einen Wissenskrümel hin, picken sie ihn schnell auf. Mit solchen kann man arbeiten, es macht dann auch Spaß, ihnen nach und nach die Themen zu erläutern. Auch die gibt es: Es ist alles Unfug, mir hilft nichts, für mich gibt es keine Lösung.

Und warum kommen die dann zu mir auf die Messe? Der Gipfel ist für mich, wenn jemand sagt: »Alles, was man braucht, ist ein positives Denken!« Nur zu gut weiß ich aber, daß das häufig nur eine Fassade ist, hinter der sich zumindest Angst vor der Wahrheit verbirgt. Der eine legt die Fassade ab und ändert sich, der andere schafft es nicht.

Chancen der Kinder zur Spiritualität

Einen idealen Weg, Kindern einen spirituellen Weg ebnen zu helfen, gibt es nicht. Ich kann mir unter den gegebenen gesellschaftlichen Verhältnissen in Deutschland nicht vorstellen, daß Kinder so aufwachsen, wie ich mir das wünschte. Claudia und ich haben keine Kinder. Es ist dennoch nicht nur theoretisches Gerede von mir, denn ich habe als Kind ja selbst erlebt, wie Erwachsene in der heutigen Zeit mit uns Kindern umgehen.

Wenn Eltern selbst spirituelle Erfahrungen haben, ist das natürlich gut für ein Kind. Die Eltern sehen dann die Welt fast mit den gleichen Augen wie ihr Kind. Sie erleben gemeinsam ein tiefes Vertrauen ineinander. Wenn der Klassenlehrer in die gleiche Richtung marschiert, um so besser. Pädagogen experimentieren seit Jahrzehnten damit herum. Durchgesetzt hat sich keine »Schule«, auch wenn einige das von sich behaupten. Die Kinder werden überfordert durch die Erwartungshaltung ihrer Eltern. Statusdenken findet statt, Vergleiche mit anderen Familien. Jüngste Untersuchungen an »Eliteschulen« mögen das illustrieren. Bis zu 30 Prozent der Schüler üben Gewalt gegen Mitschüler aus oder sind gewaltbereit.

Ein Grundübel ist in jedem Fall die Unterforderung der Kinder oder die gravierende Unterschätzung ihrer speziellen Fähigkeiten. Eltern versuchen, ihren Kindern das »wahre Leben« beizubringen. Und sie meinen jenes tatsächliche Leben, das man immer weniger verstehen und wegen seiner Menschenunfreundlichkeit schon gar nicht weiterempfehlen kann. Hat einer in Mathematik eine Vier, dann ist der doof. Ich wette, eine Gruppe »doofer« Schüler würde trotz ihres jungen Alters sehr wohl eine kleine Holzhütte errichten können, weil sie das spannend finden. Auf einmal errechnen die den Bretterbedarf, die benötigten Quadratmeter. Mit der Anzahl, Größe und Wirkung von Schrauben, Nägeln und Winkeln werden sie spielend umgehen. Sie lernen sogar etwas über Statik, was vielleicht erst in der zehnten Klasse »dran wäre«.

Die inkarnierten Seelen der Kinder sind viel reifer, als wir es uns vorstellen können, hier spielen viel höhere Frequenzen eine Rolle, eine viel höhere Energie, die in unserem simplen Schulsystem keine Entsprechung finden. Wir Erwachsenen denken, wir seien die Krone der Schöpfung, nach uns kommt nichts mehr. Welche Täuschung! Begleitet wird das Aufwachsen der Kinder von einem primitiver werdenden Fernsehen und dem Allheilmittel Computer mit seinen Irrsinnsspielen, die inzwischen von Vater und Sohn gleichermaßen geliebt werden. Mütter und Töchter verlieben sich in ihre Soap-Helden einer irrealen Welt. In Fernzügen findest du kaum noch quäkende Kinder. Die sitzen mit übergestülpten Kopfhörern und glotzen DVDs. So sitzen sie Stunden neben ihren ebenfalls glotzenden Eltern und reden dabei kein Wort.

Diese Kinder wachsen nicht in unsere komplizierte technische Welt, sondern in eine Traumwelt hinein. Und wenn die Chefs privater deutscher TV-Stationen Informationssendungen eliminieren und immer neue Unterhaltungsshows erfinden, begründen sie das mit der Behauptung, sie würden das Publikum dort abholen, wo es abgeholt werden wolle. Da haben die Bosse vermutlich recht. Die Zuschauermasse befindet sich auf einem niedrigen Niveau – und dort setzen wir, noch ein wenig tiefer, an. Denken strengt halt an. Nur verschweigen die Bosse, daß sie für das tiefe Niveau Mitverantwortung tragen, denn sie haben es mit herbeigeführt.

Schau am Weihnachtsabend nach 18 Uhr mal auf die Straße. Früher tummelten sich dort Kinder auch bei Schneematsch, um ihre Rollschuhe auszuprobieren oder das geschenkte Fahrrad. Heute sitzen sie mit krummen Rücken vor ihrer Playstation und schießen Menschen tot. Wieder einer, der vor dieser grausamen Manipulation warnt. Richtig! Denn ich weiß, jedes Kind, das auf die Welt kommt, ist ein vollkommenes Wesen, mit allen medialen, emotionalen, ja sogar telepathischen und hellsichtigen Fähigkeiten ausgestattet. Wir kannten als Kleinkind die Tante oder die Freundin der Mutter. Wir waren neun Monate im Mutterleib, wir haben die die ganze Zeit gehört, wir haben die auch energetisch gefühlt.

Die Mutter sagt: »Guck mal, hier kommt die liebe Tante!«, und das Kind fängt an zu schreien! Ich unterstelle mal, die Tante ist eine äußerlich sehr angenehme Frau. Dennoch plärrt das Kind los. Weshalb? Es hat erkannt, daß dieses Wesen ein totales Luder ist. Die Erwachsenen lassen sich von der Erscheinung täuschen, das Kind erspürt energetisch das Wesentliche an diesem Menschen und zeigt offen seine Ablehnung.

Da habe ich euch wieder was sehr Komisches erzählt? Ich habe noch ein Bild. Stell dir vor, du stülpst einen Trichter über das Baby. Es muß – geistig gesehen – in den Trichter hineinwachsen. Welch ein Prozeß, welch eine Qual. Die vorhandenen Fähigkeiten – wieder geistig gesehen – werden immer weiter reduziert. »Hör auf zu schreien!« – »Ein artiges Kind pupst doch nicht!« – »Faß das nicht an!« – »Das Wort sagt man nicht« ... dabei lernt das Kind noch die Sprache! Es muß noch die Bedeutung der Worte lernen, was einerseits wunderbar ist, andererseits reduzieren sich Äußerungen großenteils eben nur noch auf sprachliche Mitteilungen, das Gefühl ist nicht mehr gefragt.

Andere Völker (oder sind es nur noch Stämme?) begrüßen sich mit einem Zeremoniell, das Körpernähe einschließt und Hochachtung vor dem Gegenüber. Man nimmt sich Zeit. Wir sagen im Vorbeigehen »Hi« und Schluß. Das Kind verliert seine Natürlichkeit, seine Fähigkeit, mit Tieren zu kommunizieren, indem es Anstandsregeln lernt. Sieh doch mal zu, wie Kleinkinder mit großen Hunden umgehen, ohne miteinander zu sprechen! Die »reden« anders miteinander. Die Verständigung mit anderen Völkern ist eh nur über Dolmetscher möglich und findet deshalb kaum statt. Hat das Kind den »Trichterprozeß« durchlaufen, läuft es völlig neben der Spur, es wird an eine Welt angebunden, die nicht funktioniert, die es nicht versteht. Vergleichbar etwa mit einem Sträfling, der nach 30 Jahren von der Gefängnisinsel kommt und in eine »moderne« Großstadt entlassen wird.

Es gibt Vorstellungen, die Kindheit zu verkürzen, indem man mit fünf Jahren eingeschult werden soll. Erst mit sieben Jahren aber haben sich die sieben Chakren, unsere Energiezentren, entwickelt. Jetzt ist das Kind für das Lernen fit. Aber nein, das Kind soll noch schneller an das Erwachsenendasein herangeführt werden, selbst ein Erwachsener sein. Im Wortstamm steht doch wachsen und nicht genetisch züchten, oder? Eltern wiederum wollen ganz schnell wieder arbeiten, am Wohlstand arbeiten, nicht an der Reifung und Erziehung ihres Kindes. Wenn aus »Öko-Eltern« Besitzer von benzinfressenden Geländewagen werden, gehen bei mir die Lichter an.

ich habe eine Sendung verfolgt, da haben sich Pädagogen gegenseitig die Schwächen von Schülertypen um die Ohren gehauen: der rationale Typ, der soziale Typ und der Legastheniker. Kümmern wir uns doch lieber um die reichen Vorzüge aller und kombinieren sie in einem Schulsystem, das für alle gilt und gut ist. Soweit mein Kurzkommentar zur Eliteförderung! Weil unser Bildungssystem nicht genügend eigene gute Fachkräfte hervorbringt, schreit man nach Fachkräfteimporten. Die können dann auch richtig Geld kosten, das man vorher in der Bildung gespart hat!

Ihr erinnert euch doch noch an die Schilderung meiner Kindheit! Mein Trichter bestand aus Lehrern, Geistlichen, Beamten, Vorschriften, Vorgesetzten, dem Rothaarigen und immer wieder aus Lügen. Seitdem ich das mit dem Trichter verstanden habe, bemühe ich mich in meinem Beruf als Heiler, die Menschen aus dem engen Trichterhals wieder über den weiten Trichter in die völlige geistige Freiheit zu bringen. Wenn du dazu gehörst, werde ich dich begleiten.

Erst ich – dann die anderen!

Klingt das komisch, überheblich? Ich denke nein, und ich will es euch erklären. Das wichtigste für mich als Heiler ist es, unabhängig zu sein. Ich muß die Dinge und die Menschen sehen, wie sie sind und nicht, wie ich sie sehen möchte. Mein Ratgeber darf nicht die Angst sein, sondern die Zuversicht. Meine Handlungen in bezug auf die Menschen, die sich mir anvertrauen, sind geprägt von dem tiefen Glauben an jeden einzelnen Menschen. Jeder Mensch kann stark sein und gesund, kann Energie ausstrahlen, andere Menschen mitreißen. Wenn er sich dessen bewußt ist, wenn er seinen Geist frei macht von Zwängen, Ängsten, falschen Erwartungen und Beeinflussung von außen. Ich habe das ja selbst am eigenen Leibe erfahren und habe mich nach reichlichen eigenen Fehlern wirklich frei gemacht und mich dann nur noch auf meine eigenen Gefühle verlassen. Ich begab mich sozusagen auf Wanderschaft mit dem Unbekannten.

Und ich bin bis heute tatsächlich immer noch auf Wanderschaft. Innerhalb Deutschlands, aber auch in anderen Ländern. Einmal, um zu lernen, zunehmend aber auch, um zu heilen, denn mein Rat ist gefragt. Toni, sagte ich mir, höre nicht auf Leute, die sich nicht vorstellen können, selbständig zu denken und zu arbeiten. Tu Dinge jetzt und nicht erst morgen. Mache die Fehler heute, dann wirst du morgen keine mehr machen oder wenigstens nur neue Fehler. Wenn du erkennst, daß du etwas richtig machst und daß dir das auch noch guttut, dann wirst du allmählich stabiler in deinen Entscheidungen. Du bist auf dem richtigen Weg. Nach und nach erweitern sich deine Erfahrung und dein Wissen. Eines Tages bist du gut, dann sehr gut. Die Menschen vertrauen dir und du kannst ihnen immer mehr helfen. Du wirst getragen, es bereitet dir immer weniger Mühe. Beachten verstärkt, Nichtbeachten befreit. Wenn du das energetische System begreifst, wird es dir nutzen. Du mußt dich bewegen, du mußt dich verändern. Kein anderer wird es für dich tun. Wenn du dich nicht veränderst, bleibst du stehen, trittst auf der Stelle, gehst womöglich rückwärts.

Wenn ich Leute kennenlerne, die Glück haben, dann sind es immer Leute, die auch Mut haben, sich zu verändern. Auch Heilung entsteht durch Bewegung. Durch die Veränderung bekommt der Körper andere Energien, heilende Energien. Das klingt simpel, stimmt aber. Dennoch sollten wir nie verlernen, eins und eins zusammenzuzählen. Wenn da einer steht und dir eine teure Antipickelcreme verkaufen will, der Verkäufer aber selbst von Pickeln übersäht ist, dann sollte man ihn schon fragen, ob er denn selbst die Creme nimmt. Da kann man dann schon viel Geld sparen. Wenn jeder von uns mehr hinterfragen würde, würde das langfristig auch den Markt und die Preise beeinflussen.

Kinder fragen noch. Zum Beispiel den Onkel, warum der mit so einem dicken Bauch herumläuft. Wir Erwachsenen haben oft verlernt, Fragen zu stellen, kritische schon gar nicht. Und wir haben verlernt, unsere Bedürfnisse zu formulieren oder gar einzufordern. Ich lerne immer wieder Menschen kennen, die jahrelang nicht umarmt worden sind. Die Haut ist das größte Sinnesorgan. Sie braucht Berührung und bekommt sie jahrelang nicht. Die hier entstehenden Defizite machen psychisch krank. So einfach ist das. Und denke nicht, daß das nur ältere Leute betrifft, daheim oder im Altersheim. Ich rate Menschen, deren Ehe lange erkaltet ist, natürlich nicht, sich scheiden zu lassen. Aber ich rate ihnen immer, sich zu bewegen, etwas auszuprobieren, andere kennenzulernen, sich zu berühren, tanzen zu gehen, ins Schwimmbad. Viele trauen sich da gar nicht mehr hin, weil man ihnen einredet, sie hätten nicht mehr die Figur einer Sechzehnjährigen. Eine Frau mit vierzig ist halt vierzig Jahre alt. Punkt. Wenn dir klar ist, daß sich auch deine Figur verändert, mußt du keine Angst mehr davor haben.

Leicht gesagt. Wir leben ja in einer TV- und Werbewelt, die dir klarmachen, daß deine Figur eben nicht das Gelbe vom Ei ist. Dir wird gesagt, du kannst Superstar werden, ein leichtes Leben führen. Du kannst dir ein schnelleres Auto kaufen. Dann bist du schneller als dein Nachbar. Aber warum sollst du denn schneller sein als dein Nachbar? Nicht klüger oder belesener oder besser zu deiner Frau und deinen Kindern, nur schneller und schöner! Meine Hoffnung ist natürlich, daß das öffentliche Bewußtsein sich doch noch wandeln wird. Ich meine den Umgang mit der Natur, dem Klima, den Ressourcen, der Ehrlichkeit der Politiker, der Güterverteilung usw. Manche meinen, daß um das Jahr 2012 herum deutliche Veränderungen eintreten könnten, nicht als Bedrohung, sondern im Bewußtsein. Je weniger ich von anderen abhängig bin, um so leichter werde ich mit diesen Veränderungen fertig werden können. Wenn es eine Mehrheit von vielleicht sechzig Prozent der Menschen gibt, die sich vernünftig verhalten wollen, sehe ich eine Hoffnung für unseren bedrohten Planeten.

Mir erzählen Tausende von Menschen von ihren Ängsten, die sie krank machen: Angst vor Arbeitslosigkeit, vor Einsamkeit und Isolation, Angst vor dem beruflichen Leistungsdruck, Angst vor Arbeit, die ihnen keinen Spaß macht, Angst vor Renten, die nicht ausreichend sind, Angst vor Klimakatastrophen, vor atomaren Infernos, vor Massenseuchen. Diese Ängste sind es, die uns krank machen. Leute, die wenig Geld haben, geben das wenige auch noch für unnütze Dinge aus, die ihnen eingeredet werden. Der Geist dieser Menschen ist nicht gesund und macht den Körper krank. Ich heile also den Geist dieser Menschen oder versuche es zumindest.

Ein Beispiel aus meiner Praxis. Ich erzähle bei einem meiner Vorträge, daß Heilung ganz einfach sein kann. Zum Beispiel sollten Menschen, die sich nicht wohl fühlen, steif und antriebsarm sind, vielleicht sogar unsicher auf ihren Füßen stehen, sich einen geeigneten Platz in ihrer Wohnung oder draußen suchen, an dem sie sich problemlos um ihre Körperlängsachse drehen können. Wir erinnern uns an unsere Kindheit: Wir drehten uns solange in eine Richtung, bis wir umfielen. Wir standen wakkelig auf und drehten uns in die andere Richtung. Ich fordere meine Zuhörer auf, dies zu tun, mehrmals täglich, ohne zu übertreiben. Sie schauen mich fragend an. Im ganzen Universum ist ständig alles in Bewegung, um stabil in den Umlaufbahnen zu bleiben. Hörte die Bewegung auf, wäre das nicht sehr komisch. Aber was tun wir? Wir bewegen uns so wenig wie möglich. Und sich einfach im Kreis drehen, na, so ein Blödsinn! Ich fordere dich auf: Tue es doch einfach einmal! Und dann gleich noch einmal! Von mir aus auch auf deinem teuren Bürosessel. Höre dir dabei Walzermusik an. Ich schwöre, dir geht es bald besser. Dein Kreislauf stabilisiert sich, wirkt sich positiv auf deine Organe aus.

»Wenn das so einfach wäre, hätte es mir mein Arzt doch schon lange gesagt!« wirft einer ein. Ich erwidere, jeder Arzt rät natürlich zur Bewegung, ohne vielleicht das Kreiseln um die eigene Achse zu erwähnen. Da keine Anweisung vom Arzt kommt, machen die Leute lieber gar nichts. Sie laufen nicht, gehen nicht zum Tanz oder Skifahren. Sie haben nicht einmal Sex, weil sie Angst davor haben, eine falsche Bewegung zu machen. Was mich angeht, so sterbe ich lieber mit einem Lachen auf der Backe als ständig Trübsal zu blasen. Da bin ich mir der Zustimmung vieler Ärzte bewußt!

Lebe das Leben bewußt, nicht die Krankheit!

Ich kann die gesellschaftlichen Verhältnisse nicht verändern, eine Mehrheit kann das schon. Es ist nicht so, daß ich politische Vorträge halte. Der Patient, der zu mir kommt, bringt diese Themen mit, die ihn krank machen. Meist aber weiß er es selbst gar nicht – nach den Gesprächen mit mir schon. Für mich steht fest, daß jedes körperliche Leiden einen seelischen Ursprung hat. Ein Beispiel: Einer kommt zu mir, er hat Leberprobleme. Er fügt hinzu, das läge bei ihm in der Familie, also leide auch er zwangsläufig darunter. Das kann stimmen. Aber was wurde vererbt? Eine kranke Leber oder die Symptome, die die Leber erkranken ließen? Haben die Mutter oder schon die Großmutter beispielsweise in ihrem Leben immer den Mund gehalten, haben alles in sich hineingefressen? Wenn das so ist, dann lagert sich der Ärger im Magen oder in der Leber ab, die ja eigentlich der Blutspeicher ist und für den Fettstoffwechsel und die Entgiftung des Körpers zuständig ist. Sie erkrankt, die Krankheit manifestiert sich und ist so übernommen.

Dem Patienten ist das natürlich peinlich. Er will zunächst nicht sagen, daß sich das so verhalten hat. Erst wenn er zur Wahrheit bereit ist, sein Verhalten ändert, hat er eine Chance, seine Leber zu heilen. Er muß bereit sein, sich einzugestehen, daß auch er häufig Zorn empfindet und ihn mit dem Ärger darüber in sich hineinfrißt. Erst mit der Wahrheit kann er die seelischen Ursachen seines Leberschadens beseitigen. Nicht ich beseitige sie, sondern der Patient selbst. Vielleicht sind Patient und Heiler zu je 50 Prozent beteiligt. Mag sein. Ich bringe ihn nur dazu. Ist das zu verstehen? Es ist nicht so, daß er eben mal so darüber spricht und alles wird gut. Er muß im tiefsten Inneren bereit sein, auch Konsequenzen zu ziehen und sich, sein Verhalten zu verändern. Er muß den Mund aufmachen, sich nicht mehr alles gefallen lassen, er muß sich auseinandersetzen. Das heißt, er muß sein Leben wirklich verändern.

Das fällt vielen sehr schwer. Aber das Wissen darüber ist in vielen Fällen der erste Schritt dazu. Die Heilung wird in den meisten Fällen ein Prozeß sein. Spontanheilungen sind die Ausnahme, obwohl es die auch gibt. Spürt der Patient die Gewißheit, daß eine Heilung möglich ist, und bringt er auch noch die Gelassenheit auf, nicht ungeduldig zu werden, wird es eine Heilung geben können.

Du mußt verstehen, daß viele Erkrankungen karmischer Natur sind. Ich habe sie als Lernaufgabe mit in dieses Leben gebracht. Es würde keinen Sinn machen, diesem Menschen seine Lernaufgabe wegzunehmen. Ich will und könnte das auch gar nicht.

Stelle dir vor, du sitzt am offenen Fenster, schaust auf das Meer, siehst dem Sonnenuntergang zu und weißt: Alles wird gut! In diese Situation möchte ich alle meine Patienten bringen. Ich möchte von meinen Patienten nicht wie ein Arzt angesehen werden, der Medizin verschreibt. Meine Patienten sollen verstehen, daß sie für ihre Gesundheit selbst zuständig sind. Sie haben in den allermeisten Fällen vor Jahren oder Jahrzehnten durch ihr Verhalten – zu viel Essen und Trinken, Bewegungsarmut, Kuschen vor Vorgesetzten oder auch schlechtes Behandeln von Untergebenen, schlechte Eheführung, falsches Erziehen von Kindern usw. – die Saat für ihre Erkrankungen gelegt. Jetzt haben sie mit meiner Hilfe die Gelegenheit, sich selbst zu heilen, indem sie ihre Gewohnheiten ändern, ihr Verhalten.

Geistheilen ist energetisches Heilen

Die Gewohnheiten zu ändern kostet Kraft, und ich helfe, indem ich Energie durch mich hinzugebe. Geistheilen ist ja energetisches Heilen. Ich weiß, in der Regel sind die Personen, die sich verändern, immer Anfeindungen von außen ausgesetzt. Ernährt sich jemand vernünftiger oder trinkt einer weniger Alkohol, wird er nicht etwa gelobt, sondern eher angemacht. Nach dem Motto: »Hallo, was ist denn mit dir passiert. Mußt du immer gleich übertreiben? Ein bißchen trinken und gut essen hat noch keinem geschadet!«. Hier kann ich helfen. Ich stelle in dieser Übergangszeit quasi energetische und mentale Reservetanks zur Verfügung. Wenn der Patient hier sozusagen durchhält, spürt er bald auch den Zuwachs an Veränderung an sich, er spürt, wie die Kräfte wiederkommen, er merkt, daß er an dieser Veränderung beteiligt ist, und so kann sich der Heilungsprozeß beschleunigen.

Erst wenn du das System begriffen hast, hast du den Schlüssel für deine Heilung in der Hand. Manchmal kommt dann auch ein Engelchen durch mich hindurch und beschleunigt den Heilungsprozeß. Wenn ich es könnte, würde ich jeden Tag ein Engelchen bestellen. Das kann ich leider nicht. Aber im Verlaufe der Jahre hatte ich schon mehrere Hundert von ihnen zu Besuch bei mir und meinen Patienten. Gerade bei sehr kritischen Geistern tritt das ein. Das sind dann aber auch die besten Propheten, weil sie damit gar nicht gerechnet hatten.

Ich kann aber auch nicht verschweigen, daß es Patienten gibt, denen ich nicht mit einer Heilung dienen kann. Diese müssen wahrscheinlich ihr Karma erfüllen und ihre Krankheit auch völlig durchleben. Was ich dann in jedem Fall versuche, ist, ihr Bewußtsein anzuheben, sie mit anderen bekanntzumachen, die ein gleiches oder ähnliches Schicksal durchmachen. Bei derartigen Workshops begegnen sich die unterschiedlichsten Menschen – und immer gehen sie reicher und glücklicher nach Hause als sie gekommen sind.

Leider gibt es auch Begegnungen, wo ich spüre, daß keine Heilung mehr möglich, daß der Krankheitsverlauf viel zu fortgeschritten, daß eine Hilfe auch nicht angesagt ist. Diese Menschen haben in diesem Leben ihre Rolle und Aufgabe erfüllt. Meist wissen die Betroffenen schon selbst, daß sie nicht mehr lange auf diesem Planeten verweilen werden, daß sie bald die sie quälende Hülle ablegen können und sie wieder zu ihrer »geistigen, spirituellen Familie« zurückkehren, die sie liebevoll erwarten wird. Dieses möchten sie von mir bestätigt wissen. Sie verraten mir ihre zum Teil lebenslangen Wahrnehmungen, die sie ihrer Familie verschwiegen haben. Daß sie schon immer an das geglaubt haben, was ich »da so mache«; und auch, daß sie an Engel geglaubt haben. Nur, man konnte ja nie mit jemandem darüber sprechen. Sie möchten oftmals Geschichten hören, wie es »da drüben« denn so sei; ob denn ihre Mutter, ihr Vater, ihr Bruder oder andere ihnen Nahestehende dort seien und ob der eine oder andere von diesen noch böse auf sie sei. Und was für ein Glück auf den Gesichtern, wenn sie erfahren, daß sie von allen dort geliebt werden, daß alle sich auf sie freuen – und daß alles, was jemals war, zum irdischen Plan gehört. Ich möchte den betroffenen Familien nur raten, es dem Menschen, der dabei ist, seine physische Hülle zu verlassen, den Abschied nicht zu schwer zu machen. Er kann dann nicht loslassen.

Der Mensch begreift oft nicht, daß er mit seiner Bitte, ihn auf dieser Erde nicht allein zu lassen, sehr egoistisch handelt. Der Betroffene leidet dann weiter, nur, damit der am Leben Bleibende nicht die Eigenverantwortung übernehmen muß. Dieses ist aber oft die Aufgabe, die daraus resultiert: Sei mutig und spreche mit dem Angehörigen offen und liebevoll! Versuche, ihm den Weg ins Licht zu erleichtern.

Es gibt auch junge Menschen, die uns verlassen. Sie bringen andere Menschen durch ihr Drama (oder Karma) zu deren Lebensthema und haben damit ihre Aufgabe erfüllt. Später werde ich noch auf das Thema Inkarnation eingehen; nur so ist das zu verstehen, was ich eben gesagt habe.

Patientenerkennung

Die meisten Menschen, die zu mir kommen, ringen nicht mit dem Tode, gewiß. Aber oft haben sie gravierende Probleme in ihrem Leben. Sie sind sozusagen reif für eine außerordentliche Begegnung. Das Vertrauen in die Ärzte ist meist nicht mehr vorhanden. Es bleibt also nur der Heiler, der es nun richten soll. Man sollte annehmen, sie kämen mit offenem Herzen zu mir, denn sie erwarten ja Hilfe. Leider ist das nicht immer der Fall. Und warum nicht? Sie haben ja in ihrem bisherigen Leben ihre bestimmte Rolle gehabt oder gespielt. Meist war es die falsche Rolle, die sie ja krank gemacht hat.

Ich versuche als erstes, mir ein Gesamtbild von dem Menschen zu machen. Ich lasse die gesamte Aura auf mich einwirken. Nicht die Körper- oder Konfektionsmaße interessieren mich, sondern die innere und äußere Haltung sowie die energetische Situation. Ich versuche, seinen seelischen Zustand zu erfassen. Ich bemerke zum Beispiel, daß der Mensch versucht, einen guten Eindruck zu machen, aufrecht zu gehen. Ich fühle aber, daß ihm das Mühe bereitet. In den ersten fünf bis zehn Minuten etwa habe ich mir einen ersten Gesamteindruck verschafft.

Ich erhalte auf unkonventionelle Fragen, mit denen mein Gegenüber nicht gerechnet hat, oft verblüffende Antworten. »Wollen Sie gesund werden?« – »Äh, wie meinen Sie das, Herr Landa?« – »Na ja, so, wie ich es gesagt habe.« – »Als ob das an mir liegen würde, Herr Landa.« – »Meinen Sie, daß Sie nichts dazutun könnten?« – »Als ob das so einfach wäre. Und wenn das so einfach wäre, bräuchten wir ja keine Ärzte mehr.« Dreimal keine Bejahung meiner Frage!

Vertrauen wird aufgebaut. Meine Fragen kommen aus meinem Gefühl heraus, die Art der Antwort gibt mir viele Informationen. Ich habe in den Jahren gelernt, daß mir Schauspieler gegenüber stehen. Womit die aber nicht rechnen, sind meine direkten Fragen ohne Schnörkel. Ich frage sehr direkt, ohne falsche Scham; aber auch ohne die Person zu verletzen. Und so komme ich der Wahrheit schnell näher. In der Art und Weise, wie die Person über sich und andere spricht, liegt oft schon ein Teil der Lösung. Häufig ergießt sich ein Redeschwall über mich. Der Patient hat jemanden gefunden, dem er sein ganzes schweres Leben erzählen kann. Mit allen Lasten und Belastungen, Niederlagen und wenigen Freuden. Häufig sind es dann auch die anderen, das Draußen, was sein Schicksal so negativ hat werden lassen. Ein Teil seines wahren Ichs tritt zutage. Ausflüchte, Schuldzuweisungen – alles bricht aus dem Menschen heraus.

Nun weiß ich ja aus meiner eigenen Entwicklung, aus wieviel Einzelteilen so ein Leben geformt wird: Denkmuster der Eltern, Konventionen, Erziehung, Verbote, Gewaltanwendung, Unterdrückung der Wahrheit. Das fast Komische daran ist: Die meisten empfinden ihr schlecht gelebtes Leben als normal, sie erklären sich ihr eigenes Versagen, ohne jemals mit anderen Menschen darüber gesprochen zu haben. Sie denken, es ist eben mein Schicksal, klein und unbedeutend zu sein, wenig Geld und Glück zu haben. Da sie – bedingt durch das Resonanzgesetz (Gleiches zieht Gleiches an) – ihre eigene beklagenswerte Lebenssituation angezogen haben, wie auch den Freundeskreis, das Arbeitsumfeld, etc., blasen sie alle irgendwie ins gleiche Horn und finden es völlig normal, daß ihr Leben ungerecht ist. Und durch den Neid, der sich in den meisten Fällen noch dazugesellt, schneiden sie sich obendrein noch vom

»finanziellen Fluß« ab: sie leben im Mangel. Offenbart man solchen Menschen, wie sie wieder aus ihrer Misere herauskommen, wird man mitunter scharf ausgebremst. Sie erklären einem, daß das nicht sein könne und so schlimm wiederum auch nicht sei. Merkst du etwas? Fällt dir etwas auf? Hier liegen die Ursachen vieler Probleme: Die Seele verkraftet all diese negativen Erfahrungen nicht und manifestiert das in Unwohlsein und Krankheit.

Ich will ein Beispiel erzählen, das mich ein dreiviertel Jahr in Anspruch nahm und das ausgesprochen positiv endete: Eine attraktive ältere Frau kommt zu mir. Eine Bekannte hatte mich ihr empfohlen. Die Frau ist seit einigen Wochen Witwe, Mutter mehrerer Kinder, ihr Mann hat ihr das gemeinsame Anwesen hinterlassen. Wie sich im Gespräch herausstellt, eine Frau, die er von allen Dingen dieses Lebens ferngehalten hat. Sie wußte nichts von Krediten und Terminen, von Anwälten und deren Kosten, von ihren Kindern, die auf ein vorzeitiges Erbe warteten. Sie war also, was sehr häufig in solchen Fällen vorkommt, völlig überfordert. Man erwartete von ihr die Rolle einer trauernden Witwe, die jedoch an den ungelösten Aufgaben zu zerbrechen schien. Magenprobleme stellten sich ein, Schlaflosigkeit, sie spielte schon mit dem Gedanken, ihrem Gatten in den Tod zu folgen.

Was sie im Gespräch mit mir herausfand, war, daß sie ein Leben lang für dumm gehalten wurde, daß sie von ihren Kindern ein falsches Bild verinnerlicht hatte, daß die Freunde nur Fassade waren. Ich gebe zu, das ist ein wenig verknappt, trifft aber den Kern. Ihre anfängliche Trauer verwandelte sich in Wut auf ihren verstorbenen Mann, der ihr etliche ungelöste Probleme hinterlassen hatte, und ihre Unwissenheit. Die »Freunde« waren eigentlich nur seine Freunde. Von ihrer Familie fühlte sie sich für dumm verkauft, traute ihr nicht mehr, was die finanziellen Angelegenheiten anging. Ich riet ihr, die Hilfe einer privaten Beratungsstelle in Anspruch zu nehmen. Und dieser Rat erwies sich schlußendlich als Lösung ihres »Dramas«. Denn dort empfahl man ihr einen pensionierten Steuerberater, der sie die Wochen darauf in all diesen Fragen begleitete.

Das Schöne für mich war, daß wir in dieser Zeit immer weiter miteinander sprachen und sie sich dabei regelrecht »entwickelte«. Wahnsinn! Ich hatte enorme Freude dabei. Das große, für sie nutzlose Haus wurde verkauft und sie mietete ein von ihr schon immer erträumtes kleines Appartement mit Blick auf den Bodensee an. Ergebnis: Erkennen falscher Freunde und Familienmitglieder, Rückgewinnung ihres Selbstvertrauens und ihrer Gesundheit. Der Haß auf ihren verstorbenen Mann war in Liebe übergegangen. Denn durch seinen Tod mußte sie endlich aufwachen. Sie selbst hatte sich in die Abhängigkeit gebracht, nicht das Außen. Ihre Kinder haben an Einfluß auf sie verloren, seit deren Vorhaben gescheitert ist, die Mutter vorzeitig zu beerben. Sie hat sich aus ihrer Angst befreit.

Ich muß sagen, ich war sehr zufrieden. Heilung funktioniert eben nicht nur durch Handauflegen. Manchmal ist es wichtig, die Ursachen des »Dramas« herauszufinden und dieselbigen dann auszuschalten. Die Frau hat mit mir wieder laut lachen können über ihre bucklige Verwandtschaft. Sie hatte erkannt, daß sie in ihrem ganzen Familienleben fremdbestimmt wurde, vom »Ernährer der Familie«, von den Karriere-Kindern, den Freunden ihres Mannes, den Nachbarn, die ja alle nur Gutes wollten. Die Frau hatte sich ein Leben lang unterbuttern lassen, ohne es zu merken. Sie spielte die Frau, der es gelungen war, eine »gute Partie« zu machen, ein »geordnetes Familienleben« zu führen, auf Nachbarn immer einen guten Eindruck zu machen, etc. Eigene Interessen, eigene Bedürfnisse wurden hintenangestellt: das Wichtigste im Leben war schließlich die materielle Absicherung.

Und wer denkt, das gäbe es heute in Deutschland nicht mehr, der unterliegt einem gewaltigen Irrglauben.

Mache ich etwas anders als die anderen?

Ich will nicht über andere urteilen. Nach den Aussagen meiner Patienten gibt es wohl Dinge an mir, die ihnen gefallen.

Ich erzähle jetzt also, wie ich mit meinen Patienten umgehe. Ich berühre sie in jedem Fall. Nicht nur mit Handschlag. Ich bin immer freundlich, ich habe Zeit. Ich interessiere mich für jeden. Ich höre zu. Ich fordere heraus. Ich bin an der Wahrheit interessiert. Ich kenne keine Lösung nach einer Minute »Behandlung«. Ich merke mir Namen, Gesichter, Haltungen, Schicksale. Ich mache jeden zu meinem Partner, denn die Lösung erreicht man nur gemeinsam.

Bei mir müssen die Patienten aktiv mitarbeiten. Die Wahrheit liegt im Verändern ihrer bisherigen Situation. Wer zu einer solchen Erkenntnis gelangt, ist auf dem Weg der Genesung, ein Heiler darf auch »Heilung« sagen. Ich beseitige keine Symptome, sondern deren Ursachen.

Großen Wert lege ich immer auf das Erklären von Ursache und Wirkung. Meine Patienten sind alle einmalig. Ich biete ihnen meine Liebe an. Ich habe keine Geheimnisse vor ihnen. Ich erzähle von mir, meinen Fehlern und Irrtümern. Zwischen mir und meinen Patienten stehen kein Schreibtisch und kein Computer. Ich trete ganz dicht an sie heran. In der Regel ist das nötig, weil sie nur eine schwache Aura haben, und meine Aura umhüllt sie. Ich erspüre ihre Aura und damit ihre gesamte energetische Situation. Ich sitze dicht neben ihnen, wenn sie auf meiner Liege liegen. Es entsteht Nähe. Ich vertraue meinen Patienten – und sie können mir vertrauen und glauben. Ich trage keinen Heiligenschein, obwohl mir Engel zur Seite stehen!

Es gibt Patienten, die kommen nur mit ihrem Partner. Die fragen sogar in meinem Beisein ihren Partner, was sie auf meine Frage antworten sollen. Oder der Partner antwortet an ihrer Stelle. Sie befinden sich in einer totalen Abhängigkeit. Ihre Unsicherheit wird von stärkeren Personen leicht erkannt und auch schamlos (zum Beispiel auf der Arbeit) ausgenutzt. Sie bringen diese Menschen aus dem Gleichgewicht.

Es kommen auch Menschen zu mir, die selbst im Arbeitskittel noch sexy aussehen. Sie erzählen von glücklicher Ehe und wohlerzogenen Kindern. Im Job sind sie erfolgreich, haben wirkliche Freunde. Es scheint alles zu laufen. Und dann sind sie bei mir auf der Liege. Was ist passiert? Sie sind aus dem Gleichgewicht geraten, egal wie. Ich sage immer, die Seele knabbert sich ihren Weg! Der Partner hat gewisse Andeutungen gemacht, die Kollegen reagieren irgendwie anders, ist das gute Familienbudget wirklich ausreichend? Reicht meine Qualifikation auch noch für die nächsten Jahre, sägt einer an meinem Stuhl? Wieso kam ein Freund nicht zum letzten Geburtstag, habe ich nicht den falschen Urlaubsort gewählt? Habe ich genug Zärtlichkeit gegeben, bekomme ich eigentlich genug?

Jetzt mag einer sagen, das sind doch Luxusprobleme, ich wäre mit viel weniger richtig glücklich! Die Seele muß mit dem äußeren Körper, den äußeren Umständen im Gleichgewicht sein. Stimmt das nicht, manifestiert sich das schnell in einer Krankheit, egal ob du arm oder reich bist. Der ermüdete Körper holt sich irgendwann seinen Schlaf, auch wenn es der Sekundenschlaf während der Autofahrt ist. Der Körper zwingt dich mit einem Hörsturz zum Kürzertreten, vom Herzinfarkt und ähnlich schwerwiegenden Erkrankungen will ich gar nicht erst reden.

Die Mehrheit meiner Patienten sind Frauen. Doch der Trend geht dahin, daß die Anzahl der Männer zunimmt. Viele werden von ihren Frauen geschickt. Stell dir vor, ein 1,90 Meter großer Kerl kommt zum 1,65-Meter-»Riesen« Landa. Für mich ist das ein Vorteil. Ich bin für ihn kein Konkurrent. Nach meiner Analyse gibt der große Kerl aber bald zu, daß er doch schlimmere Schmerzen erleidet, als er seiner Frau, die »alles immer so dramatisiert«, eingestanden hat. Und ich werde akzeptiert und kann helfen.

Auch da verlasse ich mich auf mein Gefühl. Der große, kräftige Mann hat ein Leben lang versucht, seinem Vater zu beweisen, daß auch er groß und stark ist, dann vielleicht sogar größer und stärker als dieser. Und dann ist er stärker. Und auf der Strecke geblieben ist die Liebe zwischen Vater und Sohn. Dabei sehnen sich die Seelen von Vater und Sohn nach dieser Liebe, nach gegenseitiger Anerkennung. Sie haben aber Angst davor, das zuzugeben und diese Liebe zu zeigen. Der Vater hat vielleicht selber nie erfahren, wie es ist, vom eigenen Vater gelobt zu werden. Er hat vielleicht auch immer nur versucht, durch sein Tun und Handeln den übermächtigen Vater auf sich aufmerksam zu machen. Konsequenz: Der Betroffene wird unsicher und glaubt, daß er immer noch nicht genug getan hat, um dem Vater zu imponieren; er legt noch einen drauf, usw. Hätte der Sohn den Mut, dem Vater zu sagen, daß er ihn liebt und daß er ihn immer noch für den Größten auf Erden hält, könnte es den Vater erweichen. Der Sohn würde ihm damit zeigen, daß er ihn mag und achtet.

Hier gehen starke Energien zwischen Vater und Sohn aneinander vorbei. Selbst wenn einer von beiden den Mut aufbringt, dem anderen seine Liebe in einer Umarmung oder einem Satz zu zeigen, kann der andere es nicht annehmen. Eine verheerende Situation, die leider sehr häufig vorkommt. Andererseits kann falsche Liebe (wenn es die denn gibt) ebenso schlimme Folgen haben. Ich meine solche Eltern, die ihrem Kind einreden, wie gut es singen und tanzen könne und es in einen TV-Wettbewerb schicken. Dort werden sie aber dem Hohn der Jury, dem Spott der Nation ausgesetzt, weil sie weder singen noch sich richtig anstrengen können.

Ich habe auch schon Menschen, die zu mir kommen, sofort zu einem Arzt geschickt. Zum Beispiel bei Tablettenmißbrauch. Ich spüre bei dem Gespräch, daß ich nicht in den Fluß komme. Ich frage in so einem Fall das Universum und erhalte die Antwort: »Schicke ihn zum Arzt!« Ich erwähne hier beispielhaft jenen Fall, in dem eine Schilddrüsenerkrankung so weit gediehen war, daß die Stimmbänder schon in Mitleidenschaft gezogen worden waren. Ich hielt den Fall für so dringend, daß ich empfahl, sich sogar zwei Ärzten vorzustellen. In der Tat bestellte der erste Arzt ihn für einige Tage später, der zweite operierte ihn sofort und rettete ihm damit wahrscheinlich das Leben. Ich bin froh, daß ein Schulmediziner dieses Leben gerettet hat. Aber ich weiß auch, wer ihn da hingeschickt hat.

Ich beschreibe noch einen letzten Typ von Patienten, der wirklich gesund ist und mit dem ich am liebsten nach seinem Besuch ein Kölsch getrunken hätte. So einen lade ich in meinen Workshop ein, denn er könnte auf dem Weg sein, anderen Menschen helfen zu können.

Wo bleibt das, was wir in uns »hineinfressen«?

Es kommt ja nicht selten vor, daß wir mit bestimmten Dingen nicht einverstanden sind, nicht konform gehen. Wir bewältigen bestimmte Probleme nicht, wir haben sogar Angst davor. »Du mußt das tun!« oder »Da mußt du durch!«. Wir haben keine Antwort auf das Problem. Wir verbiegen unsere Persönlichkeit. Unser Körper entwickelt keine Haltung dazu. Ich fresse meine unausgesprochene Meinung, meine Antwort auf das Problem, das, was ich eigentlich los werden wollte, regelrecht in mich hinein. »Laßt mich doch so, wie ich bin!« kann ich nicht aussprechen. Ich gebe meiner Persönlichkeit keinen Ausdruck, ich sorge nicht dafür, daß meine Meinung gehört wird. Ich halte mich für nicht würdig, eine Haltung zu offenbaren.

Etwas in sich hineinzufressen ist nicht klug, nicht vorausschauend, ist immer negativ und destruktiv. Der Körper will den Druck, der auf ihn ausgeübt wird, ausgleichen. Der Überdruck wird immer zum Schaden vieler Organe führen und verursacht deshalb auch häufig Bluthochdruck. Unser Abwehrsystem erstarrt. Es wird immer mehr hineingegeben und es kommt immer weniger heraus. Je nach Typ bekomme ich Probleme mit dem Verdauungstrakt, mit der Blase, mit der Prostata, mit der Lunge, mit der Atmung, mit den Bronchien, mit dem Kehlkopf, mit den Stimmbändern. Wir trauen uns nicht, die Wahrheit zu sagen und blockieren das Kehlkopfchakra. Behalten wir den Status des Nichtaussprechens über längere Zeit bei, dann riskieren wir auch ernsthafte Erkrankungen. Alles lebt durch Schwingungen. Werden sie blockiert, kommt es zum Stillstand, zur Krankheit, zum Drama.

Energie ist immer und überall

Wir müssen uns erst einmal darüber im Klaren sein: Die Erde ist nur ein winziger Teil eines unendlichen Universums voller Energie. Wir sprechen von sehr hohen und sehr niedrigen Temperaturen. Alles ist in Bewegung und dadurch ist das Universum stabil.

Am besten kennen wir alle die Sonne mit ihren hohen Temperaturen, die unser Leben auf der Erde erst ermöglicht. Wir kennen die Jahreszeiten, wir erhalten ständig Energie. Die Erde ist Energie. Alles besteht aus Atomen und noch kleineren Teilchen. Wir kennen Plus- und Minuspol. Wir selbst sind Energiekörper. Wir bestehen aus Milliarden Partikeln. Wir haben gelernt, von der Energie zu partizipieren. Wir gebrauchen das Wort in den verschiedensten Zusammenhängen. Ich bin energielos, sagen wir. Ich muß meine Batterien wieder einmal auftanken usw.

Aber was wissen wir wirklich über Energien? Wir müßten den Ladezustand unserer Batterien eigentlich immer vollgeladen halten. Wir tun es nicht. Unser Energiesystem hat keine Kontrolleuchte wie das Auto. Wir haben nur unser Gefühl, und auf das pfeifen wir. Autobatterien, Ölstand oder Kühlwasser werden genauer kontrolliert als unser eigener Energiezustand. Wir treiben Schindluder mit unserem energetischen Zustand, wir fühlen uns schlaff, scheinbar ohne Reserven. Wir hören nicht auf die Gefühle in uns, denn es geht ja immer weiter. Wir sind schon im Entladezustand und tun so, als ob wir noch voll da wären.

Die Wirtschaft fordert von den Managern einen permanenten 16-Stunden-Tag. Die Krankenhäuser fordern von Ärzten und Schwestern Doppelschichten ohne Ende. Die LKW-Fahrer fälschen ihre Fahrtenschreiberscheiben. Freiberufler sehen es als normal an, ständig zur Verfügung zu stehen. Stillstand ist Rückschritt, rufen die Apologeten der Wirtschaft. Wachstum ist Fortschritt, Tempo ist angesagt. Wer zu Mäßigung und Vernunft aufruft, der hat schlechte Karten. Umsatz, Gewinn, Rendite sind die Schlagworte. Wer auf der Strecke bleibt, ist selbst schuld. Erst hieß es: »Die Großen fressen die Kleinen!«, jetzt: »Die Schnellen schlucken die Langsamen!«, und das Wahnsinnskarussell dreht sich immer schneller. Nur die Nummer Eins zählt! Der Zweite ist schon der erste Verlierer! Immer mehr Geld und Energie wird in die Täuschung gesteckt.

Daß Ruhe Energie bringt, wird geleugnet. Immer neue Ressourcen werden gefordert, obwohl genügend vorhanden sind. Wo Ruhe und Entspannung angeboten werden, wird Energie abgezogen, denn die sogenannten Wellness-Oasen sind zu Hochleistungszentren mutiert. Alle Energie, die wir brauchen, haben wir in uns. Die unters Volk gebrachten Energy-Drinks und Energieriegel sind Humbug. Als ehemaliger Fitnessstudiobesitzer weiß ich, wovon ich rede. Was der Körper braucht, ist große Ruhe, Nachdenken über sich selbst. Wir sollten zu uns finden. Statt dessen bekommen wir Druckbetankungen von außen. Wir sollen nicht mehr spazieren gehen, sondern unsere Füße nach neuesten Aufsetztechniken bewegen! Wer versteht denn das? Ich weiß: Alles, was aufwändig beworben wird, ist verdächtig. Für einen 35-Gramm-Energieriegel habe ich als Betreiber 1,50 €bekommen. Dabei r eicht so ein Riegel nicht einmal zur Sättigung! Nichts drin als Geschmacksverstärker und Zucker! Wenn Menschen zu mir kommen und über Energiemangel klagen, sage ich denen, daß sie zuviel Energie mit sich herumschleppen, allerdings negative Energie. Du wirst beballert mit Lärm, mit elektrischer Strahlung, mit Magnetwellen, mit Kaufangeboten, mit Radio- und Fernsehsendungen. Ja nicht zur Ruhe kommen lassen. Was nicht eintreten soll, ist Entspannung. Negative Energien sind träge, belasten dich, machen alles langsam, positive beflügeln. Kannst du einem Walzer mit seinem Zauber entfliehen? Befindet sich ein Mensch mit negativer Energie in meiner Nähe, lähmt er mich. Kennst du das? Macht Trauermusik fröhlich? Besitzen Worte Energie? Aber ja, aber auch hier gibt es positive und negative Energien. Achte darauf, was du sagst, und achte darauf, welchen Worten du dich selbst aussetzt, welcher Werbung, welchen Filmen, Videos, welcher Musik, welcher Lautstärke.

Die höchste Energie ist die Liebe! Eine so besondere Energie, daß ich noch an mehreren Stellen in diesem Buch darüber reden werde. Aber natürlich kannst du dir schon mal Gedanken darüber machen, wie groß deine Liebe zu dir selbst, zur Natur, zur Erde ist. Du kannst auch deine Nächsten einbeziehen, Kinder, Eltern, Verwandte, Nachbarn, Haustiere. Kannst du dir vorstellen, daß Liebe so groß sein kann, daß sie alles und jeden heilt, die ganze Welt in Ordnung bringt? Jesus soll gesagt haben, daß die vollkommene Liebe eines einzigen Menschen diese Wirkung hervorbringen könnte. Phantastisch, stimmt es?

Aber da es soweit noch nicht ist, geht es darum, daß jede einzelne Seele lernt, soviel Liebe wie möglich aufzubringen und weiterzugeben. Als Heiler bin ich verpflichtet, so viel Energie durch mich hindurchzulassen, daß der Patient geheilt werden kann. Der muß es nur wollen. Am meisten hilft er sich, indem er lernt, sich selbst anzunehmen und zu lieben. Ich empfehle allen, die auf dem Weg zu sich selbst sind, daheim ein Bild von sich aufzuhängen, auf dem sie nicht perfekt sind. Weil du ja nicht perfekt bist, du aber lernen sollst, dich so anzunehmen, wie du wirklich bist.

Ausprobieren!

Du kennst die Situation: Im Urlaub, auf der Party, beim Geburtstag werden Fotos gemacht. Und natürlich auch von dir. Du kennst deinen Aufschrei: »Lösch es, zerreiß es, das ist ja furchtbar! Wie kannst du nur solche Fotos von mir machen!«. Und die anderen wundern sich: »Wieso, das ist doch nett? Ich versteh dich nicht ...«

Du weißt schon, daß du dich selbst pro Tag nur ein oder zwei Minuten im Spiegel siehst!? Solltest du länger vor dem Spiegel verweilen, um deine »Optik« zu verändern, um das »Ist« zu verändern, kann es gut sein, daß du dich nicht wirklich magst. Brauchst du die Täuschung, tritt die Unsicherheit in dein Leben. Du glaubst, nur so nimmt man dich wahr. Das sei die Garantie, daß du dich in die Masse eingliederst – also unsichtbar wirst.

Wie sollst du dich da lieben lernen? Hänge dir ein Bild, auf dem du dich nicht magst, an die Tür. Und jedesmal, wenn du den Raum verläßt, streichelst du dir über dein Fotogesicht! Ermittle dein Selbstwertgefühl. Du mußt nicht so werden wie andere, du mußt keinen kopieren. Du mußt dich kennenlernen und dich damit lieben lernen. In diesem Prozeß steigerst du deinen eigenen Wert, und die anderen spüren das. Auch sie werden dich lieben, dich hoch schätzen und dich auch gut bezahlen für deine Arbeit, die sich ja mit deiner Entwicklung so sehr verbessert hat. Ich habe das mit mir auch so gemacht und ich fühle mich gut und mir geht es gut.

Eines muß ich noch sagen: Wenn du Liebe verschenkst, verschenke sie ohne jede Gegenleistung. Auch deine Energie. Auch dein Vertrauen. Vertraust du dem System, wird alles zurückkommen, Liebe, Energie,

Vertrauen. Gewiß mehr als du geben konntest. Wenn der andere sich ebenso verhält wie du. Gibst du Liebe in der Erwartung, sie zurück zu bekommen, kannst du schwer enttäuscht werden. Mein Prinzip ist, meinen Patienten ohne Bedingungen zu lieben. Nicht im sexuellen Sinne, versteht sich. Ich möchte, daß er begreift und gesund wird. Verweigere ich mich dem Prinzip der universellen Liebe, kann ich keine Hilfe aus der geistigen Welt erhalten.

Wieviel Hilfe ich von dort bekomme, das liegt nicht in meiner Hand. Was ich aber weiß, ist, im Universum herrscht Liebe und Gerechtigkeit. Und so gesehen ist meine Haltung die logische. Soll ich etwas zurückbekommen, werde ich es auch erhalten. Lebe ich im Vertrauen, geht es mir gut. Ich lerne immer besser, meine Energie in die richtige Richtung zu lenken, auf Hilfe und Heilung. Und ich lerne immer besser, zu hundert Prozent auch wirklich dahinter zu stehen. Erfolg und erfolgreich sind ein Geschwisterpaar. Gesundheit ist für mich dabei der größte Reichtum. Sieht das ein anderer, denkt er, der muß ein gutes Lebensrezept haben. Was mag der für einen Beruf haben? Heiler? Da könnte ich ja mal hingehen. So gesund und zufrieden möchte ich auch sein. Und er bezahlt mich auch gut dafür. Er hat ein gutes Gefühl, und mein Gefühl paßt auch dazu. Ich habe mir mein Geld verdient, mein Selbstwertgefühl steigt, mein Wohlbefinden, meine Ausstrahlung. Die Zahl der Patienten wächst. Verstehst du die Zusammenhänge? Erfolg macht erfolgreich!

Was mich am meisten fertigmacht, das sind die Bürokratie in unserem Land, alle Apparate, Hierarchien, sinnlose Verordnungen. All das bremst die Ausbreitung von Liebe. Die Liebe kennt keine Hierarchie, sie unterscheidet nicht zwischen schön und häßlich, nicht zwischen arm und reich, sie kennt keine Rassen, sie kann nicht erzwungen werden, nicht gekauft, man kann sie nicht erschießen. Sie ist nicht logisch. Sie ist einfach da, sie kommt und geht, wie und wann sie will. Jeder kann sie bekommen, der sie selbstlos abgeben kann. Liebe dringt durch Kerkermauern, überwindet Grenzen und Ozeane. Sie ist überall. Dennoch verzichten Menschen auf sie. Sie opfern die Liebe für Macht und Geld, für Einfluß und Arroganz. Wer diese Zeilen liest, das weiß ich, kann sehr gut auf die Gegner der Liebe verzichten.

Läßt sich Bewußtsein anheben?

Alle Diktaturen haben versucht, das jeweilige Bewußtsein auf eine ideologische Ebene anzuheben. Die Ergebnisse kennen wir. Es ist immer gescheitert. Jeder Mensch hat in einem entsprechenden Umfeld die Möglichkeit, sein Bewußtsein zu erweitern. Kinder haben es mitunter schwer, ihr Bewußtsein gegenüber diktatorischen Eltern zu entwickeln, die den Willen des Kindes für ihre Zwecke brechen wollen. Sehr starke Seelen setzen sich auch gegen derartige Eltern durch, sie brechen aus dem Einflußbereich der Eltern aus. Normalerweise hat jeder die Möglichkeit – bei vorhandenen Ansprechpartnern – sein Bewußtsein zu schulen. Das kann man lernen.

Optimal für ein Kind wäre, Eltern zu haben, die auch Partner sind und sich offen und konstruktiv im Beisein des Kindes über ihre Probleme unterhalten. (Natürlich nicht über »jedes« Problem). Seine Eltern reden zum Beispiel darüber, ob sie in ihrem Imbiß einen Ausländer beschäftigen sollten, dem sie weniger zu bezahlen bräuchten als einem Deutschen. Aber sie einigen sich schließlich darauf, ihm genausoviel zu bezahlen wie einem Deutschen, denn auch er müsse ordentlich leben können, zumal er sich ja genauso einsetze. Das Kind lernt Menschlichkeit und Fairneß gegenüber Ausländern kennen und erlebt seine Eltern als gerechte Menschen. Das fördert den Verstand des Kindes und auch seine Spiritualität, den geistigen Wert einer solchen Unterhaltung. Es lernt früh, Zusammenhänge zu erkennen.

Geht es uns gut, soll es auch den anderen gut gehen. Das Kind lernt etwas von Ursache und Wirkung, es lernt Nächstenliebe kennen. »Was du nicht willst, das man dir tut, das füge auch keinem andren zu!«, heißt es so schön. Danach zu handeln ist schon ein wenig anspruchsvoller. Wenn wir uns vor Augen halten, daß in der geistigen Welt, in der sich die Seelen bis zu ihrer nächsten Inkarnation aufhalten, alle gleich sind, sollte das für uns auf der Erde erst recht gelten. Papst und Präsident, Mann und Frau, Kind und Erwachsener sind trotz aller Unterschiede gleich! Wieso maßen wir uns an, für die eine Sekunde, die ein Menschenleben auf Erden im Verhältnis zum Universum währt, uns über die Gerechtigkeit des Universums zu erheben? Verbreitete sich diese Erkenntnis jetzt auf der Erde, hätten wir die volle Gleichheit, keinerlei Ausbeutung und keine Krankheit mehr. Irre.

Was aber tun wir? Wir stellen uns ständig über andere. Wir reden nicht über uns, sondern immer über die anderen. Die meisten agieren nicht, sie reagieren immer nur. Sie sind nicht Hammer, sondern Amboß. Sie schmieden nicht, sie werden verformt. Sie lassen sich das einfach gefallen. Warum ändern wir nicht unsere eigene energetische Situation? Diese Veränderung ist nicht zum Nulltarif zu bekommen. Aber sie kostet dich keinen Cent, sie kostet dich nur geistige Arbeit: Nachdenken, Willenskraft, Mut, Durchsetzungsvermögen, Angstüberwindung, Ausdauer.

Mir gefällt dieser Gedanke der Gleichheit sehr gut. Oder kannst du mir erklären, warum einer, selbst als schlechter Bankboss, noch Millionen an Abfindung bekommt, obwohl er vielen Hundert Menschen den Arbeitsplatz genommen hat und dieses sogar als Glanzleistung verkauft wird? Wir erleben die Ohnmacht der Politik. Jeder nimmt das, was er kriegen kann, unverhohlen und dreist. Der »normale Bürger« dagegen darf sich glücklich schätzen, eine Lehrstelle als Friseur zu bekommen und sein Leben lang für einen Hungerlohn dem Manager die fettigen

Haare zu waschen und zu schneiden. Und um sich das Nötigste leisten zu können, muß er nebenher noch schwarzarbeiten, denn die zehn Stunden harte Arbeit auf den Beinen reichen nicht mal zum Überleben. Es sei denn, er schwindelt sich hoch zum »Starfriseur« und kassiert bei Stars und Sternchen für einen Termin das komplette Monatsgehalt eines Friseurs. Zahlt Kanzler/Kanzlerin das eigentlich aus eigener Tasche – oder das Volk (als Aufwandsentschädigung getarnt)?

Du weißt nicht, wie du anfangen sollst, dich zu verändern? Nimm dir einfach eine Auszeit. Nicht einen Monat oder ein Jahr, nein täglich am Morgen, zehn Minuten. Durchdenke das, was du dir für den Tag vorgenommen hast. Meist ist es doch so, daß der Tag über dich herfällt und du rackerst und rackerst und am Abend hast du nichts wirklich Tolles erreicht, nicht einmal Ordnung in deinem Zimmer oder der Wohnung. Warum ist das so? Du hast nur reagiert, du hast dein Gerümpel von einem Punkt zum anderen gelegt und wieder zurück.

Nimm dir von zehn Aufgaben nur eine her und löse sie. Wenn du das jeden Tag machst, hast du in zehn Tagen alles gelöst, was du lösen wolltest. So bekommst du Strukturen in dein Leben. Erst löst du kleine Aufgaben, dann die größeren, Du merkst dann, daß du aktiv geworden bist. Du traust dich sogar zur Behörde, verlangst das richtige Formular, füllst es aus, gibst es ab und hast bald die nächste Sache erledigt. So wächst du an dir selbst, du darfst dich loben und liebhaben.

Du nimmst dich wichtig, weil du ja auch wichtig bist. Du lernst, Dinge nicht zu tun, die nicht deine Aufgabe sind, du machst nur das, was für dich wichtig ist. Wenn es dir wichtig ist, anderen zu helfen, dann wirst du das natürlich tun. Nur tue es nicht, um den anderen zu gefallen, um deren Aufmerksamkeit und Liebe zu ergattern.

Reinkarnation

Ich weiß, ich weiß! In keinem Wörterbuch der Welt findest du zu diesem Stichwort eine Erklärung, die dir weiterhelfen würde. Oder doch? Da steht »Fleischwerdung, Menschwerdung (eines göttlichen Wesens), Verkörperung (von etwas Geistigem)«. Wenn wir das als richtig akzeptieren, dann bist du ein solches göttliches Wesen. Denn ich behaupte mal einfach, daß deine Seele schon einige Male in jeweils anderen Körpern gesteckt hat! Irre, stimmt´s? Aber warum?

Sieh dich mal in deinem Bekanntenkreis um. Da gibt es viele »normale« Menschen. Otto Normalverbraucher gewissermaßen. Keinem geht es so, wie er es sich erträumt. Alle leiden unter irgendwelchen Mängeln: Geld, Liebe, Freundschaft, Gesundheit, Erfolg, Ruhm, Anerkennung usw. Sie müssen zuviel arbeiten oder haben keine Arbeit und damit kein Geld. Wieso ist das so?

Wir leben in einem reichen Land, auf einer wunderbaren Erde, wir werden regiert und wir können sogar Volksvertreter wählen. Und dennoch leiden wir? Warum geht es uns allen nicht gleich gut? Du kennst natürlich eine Menge Antworten, du gibst dem die Schuld dafür oder einem anderen oder dir selbst. Die einfache Antwort darauf ist: Du hast dir dieses Leben selbst ausgesucht! Akzeptiere mal – für ein paar Minuten wenigstens – daß es auch eine andere Welt gibt, eine geistige Welt, in der nur Seelen leben.

Stell dir vor, alle Seelen sitzen an einem großen Tisch. Da alle Seelen schon einmal auf der Erde waren, wissen sie, daß es um die Welt schlecht bestellt ist. Krankheit, Krieg, Ausbeutung, unendlicher Reichtum und größte Armut, Umweltkatastrophen, Angst, Mangel an Mut, fehlende

Selbstverantwortung, Raffgier, politische Intrigen großen Ausmaßes. Alle Seelen wissen, daß nur die Menschen selbst die Schuld daran tragen, oder sagen wir, die Menschheit ist noch nicht soweit, es besser zu machen. Also beschließen die Seelen, erneut in ein menschliches Wesen zu inkarnieren, um erneut Lernerfahrungen zu suchen, neue zu machen, um sich und die ganze Menschheit besser zu verstehen.

Dazu gehören natürlich auch alle negativen Erfahrungen: Krankheit, Siechtum, der Verlust von geliebten Menschen, Trunksucht, Machtmißbrauch, Mord und Totschlag. Spätestens jetzt sagst du, solche Erfahrungen brauche ich nicht, es reicht, wenn die ein anderer macht. Na gut, irgendwelche Seelen in irgendwelchen Menschen müssen solche Erfahrungen also machen. Was du aber nicht vergessen darfst, ist, daß jede einzelne Seele die volle Verantwortung für ihr Handeln hat. Wir alle haben uns vorgenommen, die Erde zu dem Planeten zu machen, auf dem jeder Mensch in Glück, Frieden und Wohlstand leben kann. Zurück in der geistigen Welt stellt die Seele fest, was für Aufgaben sie gelöst hat und an welche Aufgaben sie vor lauter Angst, aus mangelndem Mut und einem hohen Sicherheitsdenken sie gar nicht erst herangegangen ist.

Aus diesem Bewußtsein heraus entscheiden sich viele Seelen, in kürzester Zeit wieder zu inkarnieren. Die Seelen kommen zu dem Schluß: Die Menschheit hat noch nicht genug Erfahrungen gesammelt, um nur noch gütig und voller Liebe zu sein. Das »Spiel« mit der Inkarnation geht also weiter. Sie suchen sich eine Familie und Lebensumstände aus, die sie in die Lernaufgabe und an ihre Herausforderung bringen wird. So werden die Seelen und auch die Menschen reifer und reifer. Das Seltsame und gleichzeitig Geniale an der ganzen Sache ist, daß du dich an dein Seelendasein und an die Aufgaben, die du lösen wolltest, nicht erinnerst. Sobald du in einen Körper hinein geboren wirst, verlierst du die Erinnerung daran. Gott – nicht als Person, sondern als höchste Instanz, höchstes Bewußtsein, höchste Energie – hindert dich nicht daran, frei zu entscheiden, in welchen Körper du gehen möchtest. Begreife: Gott liebt dich so sehr, daß er dich eben nicht maßregelt und dir irgendwelche Dinge verbietet. Er wird auch nicht mit dir ins Gericht gehen, wenn du aus deinem irdischen Leben zurück in die geistige Welt kommst. Stell dir vor: Du selbst bist Gott! Stell dir einen großen Kuchen vor. Wenn der in Tausend Teile zerbricht, ist es immer noch derselbe Kuchen und jedes Stück schmeckt wie die anderen. Und jedes Teil ist wichtig, weil nur alle Teile zusammen den großen Kuchen bilden. Also, wie wichtig bist du für diese Erde?

Jede Seele ist Gott! Wir haben die Macht zu erschaffen, aber auch zu zerstören, zu lieben, zu lachen, zu helfen, Wunder geschehen zu lassen. Wir machen es doch schon. Nur zögern wir oft, lassen uns von anderen entmutigen, gute Dinge zu tun. Wir haben verlernt, an uns zu glauben.

Fange, bitte, sofort damit an! Gestalte deine Wunderwelt! Aber erhebe dich dabei nicht über andere nach dem Motto: Das sind die Schlechten! Man erinnert sich nur ungern daran, wie oft man schon der Böse war. Ob nun in einem reichen und schönen oder in einem armen und leidenden Körper.

Gott steht außerhalb jedes menschlichen Zusammenhangs. Er verurteilt niemanden und nichts, er mischt sich nie ein. Offensichtlich deshalb, weil er der Meinung ist, daß wir Menschen alle Erfahrungen machen müssen, die es eben zu machen gibt. Jetzt wirst du vielleicht schlukken, da gehört auch das Negative dazu, das Verbrechen sogar. Die Geschichte der Menschheit ist eine einzige Geschichte von Gewalt und Verbrechen. Oder kennst du »Kriege« der Liebenden, Wettstreite, wo es um Harmonie, die größte Ruhe oder tiefste Erkenntnis geht? Vielleicht verstehst du Gott (und damit dich selbst) ja allmählich. Er liebt alle! Er gibt uns alle Zeit der Welt. Manchmal stelle ich mir vor, daß er mich kaum merklich schon mal angeblinzelt hat, um mir Mut zu machen. Andere haben mir so was auch erzählt. Wenn ich das richtig sehe, dann gibt es immer wieder Generäle (die haben auch Seelen!), die meinen, einen Krieg gewinnen zu können. Erst, wenn sie sowohl die Erfahrung des Sieges als auch der Niederlage haben, können sie klüger werden. Besser ist natürlich, erst gar keine Generäle in die Versuchung zu führen! Geht dir das zu weit?

Generäle als Kriegstreiber werden so lange auf dem Spielfeld erscheinen, bis wir alle gelernt haben, daß Kriege keine Lösung sein können. Nur, weil ein General da ist, muß doch kein Krieg ausbrechen. Das aber kann erst geschehen, wenn genügend Seelen mit eben dieser Lernerfahrung vorhanden sind. Also stellen sich Seelen zur Verfügung, die das Leid in all seinen Facetten erleben wollen. Verrückt, stimmt's? Ihr kennt doch den Satz: Stell dir vor, es ist Krieg und keiner geht hin! Sehr simpel aber ungemein wirkungsvoll. Nachgewiesenermaßen sind Kriege schon immer aus Raffgier und Machthunger entstanden.

Ich kann aus meinem eigenen Leben beisteuern, daß ich mal ähnlich getickt habe. Nicht, was die Anzettelung von Kriegen betrifft, aber: Ich dachte nämlich, ich müßte mal mehrere Fitnessstudios haben, müßte ein Franchise-System aufbauen, um schnell viel Geld zu verdienen. Ich bin einige Jahre in die falsche Richtung gegangen, habe viel Zeit und obendrein Geld verloren und habe mich kaum weiterentwickelt. Mit meiner jetzigen Erfahrung kann ich dir versichern, ich würde kein Studio mehr übernehmen, selbst wenn ich es geschenkt bekäme! Ich weiß schon, Geld haben ist meist besser als keines zu haben. Aber viele Menschen streben nach zu viel Geld, zu viel Macht über andere. Die Seele in uns will etwas ganz anderes: Sie will frei sein und sie will um ihrer selbst Willen geliebt werden. Nicht leistungsabhängig. Das ist das Wichtigste. Im Grunde wollen wir alle nur sorgenfrei leben, ohne Druck und Streß und schwere körperliche Arbeit.

Wonach wir uns sehnen, ist das vollkommene Glück. Alles, was wir haben wollen, ist verknappt, zu teuer, mit Tabus belegt. Wir werden begrenzt, eingezäunt wie in einem Ghetto. Immer die anderen besitzen etwas und uns wird auch noch eingeredet, das sei so in Ordnung! Dummerweise benehmen wir uns wie Don Quichotte, der gegen die Windmühlen kämpft. Wir hängen uns eine Wurst so vor den Mund, daß wir ihr ständig hinterherlaufen, ohne sie jemals abbeißen zu können. Wenn wir das begreifen, haben wir viel gelernt. Die Lösung des unlösbaren Konfliktes zwischen Kopf und Wurst liegt in der Erfahrung, unsere Probleme nicht als Einzelne sondern nur als gesamte Menschheit lösen können. Ich als einzelne Seele mache diese Erfahrung mit meinem Nachbarn vor Gericht. Ich verliere sogar den Prozeß.

Andere Seelen machen andere Erfahrungen. Ahnst du, wie groß eine Seele sein muß, um alle diese Erfahrungen sammeln zu können, um immer reifer zu werden? Wenn wir begreifen, daß wir alle in einer völlig anderen Art miteinander kommunizieren müssen und können, daß wir alle voneinander abhängig sind, daß wir uns alle brauchen, daß wir letzten Endes vor Gott alle gleich sind, dann werden wir unsere Probleme auch lösen können.

Alle sagen, das ist unmöglich. Die Menschen sind nun einmal so. Kriege habe es schon immer gegeben, ebenso arm und reich. Welcher Blödsinn! Stell dir vor, alle hätten die Erfahrung eines im Rollstuhl sitzenden Menschen. Es gäbe keinen mehr, der diese Menschen geringschätzt. Stell dir vor, jeder Reiche hätte schon einmal als ganz armer Mensch gelebt. Meinst du, der würde immer noch auf die Armen herunterschauen? Vielleicht kennst du eine Familie mit einem behinderten Kind. In der Regel gibt es dort Schuldzuweisungen: Du hast getrunken, du hast geraucht, deine Familie war noch nie richtig gesund usw. Ich erinnere dich an den runden Tisch der Seelen. Eine hat sich das Schicksal eben dieses behinderten Kindes herausgesucht, es will erfahren, wie Behinderung ist, wie man damit umgeht. Es lernt als behindertes Kind, später als Erwachsener, sich durchzusetzen. Dieses behinderte Kind zwingt seine Eltern, sich mit ihm auseinanderzusetzen. Häufig trennen sich die Eltern. Derjenige, der sich um das Kind kümmert, macht ganz spezielle Erfahrungen, sehr viele negative, aber auch positive.

Das heranwachsende Kind erlebt eher selten eine Partnerschaft, hat Schwierigkeiten, einen Beruf zu erlernen oder ihn auszuüben. Es erlebt Diskriminierung vom Feinsten. Die Seele dieses Menschen war offenbar sehr mutig, als sie sich diese Inkarnation wünschte. Wenn es sich so abspielt, und ich zweifle nicht daran, dann ziehe ich vor jedem Behinderten und vor den nicht in die Norm passenden Menschen den Hut, ich helfe ihm, so gut ich kann. Schau dir die Wirklichkeit an. Kaum einer sucht die Nähe oder Freundschaft zu einem Behinderten. Man grenzt sich ab. Stell dir vor, so ein behindertes Kind wird in eine erzkatholische Familie hineingeboren. Der Priester sagt ihm, daß Gott ihn gestraft habe, daß Gott ihm diese Last auferlegt hat. Wie viele Menschen müssen sich diesen Vorwurf anhören. Es ist nur belastend. Dennoch entwikkeln sich viele Behinderte weiter, vor allem geistig. Sie treiben sogar Sport, nehmen an Paralympics teil. Welche Willensleistung vollbringen diese Menschen! Es ist noch nicht so lange her, da sperrte man Behinderte einfach weg. Sie paßten nicht ins Menschenbild. Als Spanier weiß ich, daß in meiner Heimat das staatliche Lotteriespiel völlig in der Hand von Sehbehinderten und Blinden ist. Der Staat, die Gesellschaft wollten das so und das ist auch gut. Keiner stört sich daran, wenn am schönen hellen Meeresstrand behinderte Losverkäufer auftauchen! Hast du so was schon mal in Deutschland gesehen?

Am Beispiel der Seelen, die in behinderten Menschen leben, will ich zeigen, daß jeder von uns nur glücklich und in vollendeter Liebe schwingen möchte. Eine Inkarnation ist immer wieder eine Chance, Erfahrungen zu machen, selbst besser und reifer zu werden. Wir kommen immer dann wieder auf die Erde, wenn wir in einem Leben bestimmte Erfahrungen nicht machen konnten. Es geht darum, durch eigene Erfahrungen, wie langwierig das auch sein mag, in einen friedvollen, liebevollen Zustand zu gelangen. Gott, der ein liebender Gott ist, will kein Wettrennen zwischen den Seelen. Er will nur, daß jede Seele in diesen beschriebenen Zustand gelangen kann, indem du dich also selbst davon überzeugen kannst. Insofern ist die Erde auf der einen Seite ein wunderbarer Schulungsplanet. Andererseits wird uns normalen Menschen von anderen Menschen Herrschaftswissen vorenthalten.

Es lagert in den Bibliotheken aller Kirchen, in den Panzerschränken der großen Unternehmen, der geheimen Organisationen. Habt ihr vor Augen, daß es handfeste Anzeichen dafür gibt, daß bereits vor Tausenden von Jahren Flugobjekte auf der Erde waren, die von anderen Energien angetrieben wurden als von jenen, die wir heute kennen und verwenden? Wo lagert dieses Wissen? Weshalb besteht diese Weltwirtschaftsordnung, von der nur sehr wenige profitieren, die Mehrheit hingegen in Armut vegetieren läßt? Wer verantwortet, daß Menschen, die im sozialen Bereich arbeiten, die sich um kranke und alte Menschen kümmern, die uns von A nach B fahren, die uns die Haare schneiden, die Zeitung bringen oder Waren des täglichen Bedarfs verkaufen, wer verantwortet, daß all diese Menschen so niedrige Löhne erhalten? Wer billigt Billiglöhne?

Ich wollte über meine Erfahrungen mit der Inkarnation sprechen und lande bei Billiglöhnen. Du siehst, die Menschheit hat noch viel zu lernen!

Nur Liebe kennt keine Hierarchie

Haben wir auch von der Liebe noch etwas zu lernen? Wissen wir nicht alles über sie? Oder eher gar nichts? Liebe ist auch in meiner Arbeit das Allerwichtigste. Hör zu! Mit Liebe oder durch die Liebe läßt sich jedes Thema lösen, einfach jedes. Liebe kennt keine Hierarchie, keine Abstufung. Liebe stellt keine Forderungen, Liebe hat keine Erwartung. Sie ist einfach da. Sie ist immer da. Sie erschöpft sich nicht. Liebe kann nicht verbraucht werden. Liebe ist – wenn sie da ist – vollkommen. Liebe ist nicht logisch. Wenn Menschen Liebe fehlt, verschaffen sie sich einen Ersatz dafür. Der Ersatz kann Macht sein. Fehlende Liebe treibt dich ins Fitnessstudio, treibt dich sogar zu bestimmten Höchstleistungen in der Politik, im Sport, in der Kunst, sogar bei der Arbeit. Menschen ohne Liebe holen sich Anerkennung auf anderen Gebieten. Die höchste, allumfassende Liebe verlangt nicht nach Anerkennung. Sie schenkt dir dafür Gesundheit, Wohlbefinden, Glück. Wo aber finde ich diese Liebe, wie bemerkt sie gerade mich? Ein paar Tips kann ich dir schon geben. Fange einfach mit dem Lächeln an. Schenke einem Vorbeigehenden dein Lächeln. Verschenke es einfach. Vielleicht machst du ihn damit verlegen. Er wird grübeln, womit er sich dein Lächeln verdient hat. Ich bin sicher, dein Lächeln wird ihm nicht schaden. Es wird ihn eher froh machen. Mag sein, er macht es morgen ebenso. Wir schicken einfach unser Lächeln um die Welt. Kannst du dir vorstellen, welche Energie ein millionenfaches Lächeln hat? Egal in welchem Raum Liebesenergie ist, hat sie eine entspannende Wirkung. Wenn eine Mutter ihr Kind, das tagsüber manchen bösen Streich vollbracht hat, am Abend doch noch eine Bettgeschichte erzählt, bringt es diese Liebe in den Schlaf. Erst das ältere Kind will keine Geschichten mehr hören, es widersetzt sich dieser Mutterliebe, weil es kein kleines Kind mehr sein will. Das Kind entzieht sich der alles heilenden Mutterliebe in Geschichtenform.

Bei mir ist das so, daß ich mich ein Stück weit in meine Patienten verliebe. Ich stelle mir diesen Menschen als kleines Kind vor, das auf einem großen Platz ganz allein steht. Es wird langsam dunkel, es ist keiner da, es findet allein nicht den Weg nach Hause. In diese Situation versetze ich mich und biete der Person, der Seele, die bei mir ist, meine Hilfe an. Und meine Erfahrung ist, selbst der bösartigste Mensch wird meine ausgestreckte Hand ergreifen. Jeder ist im Kern gut, jeder sehnt sich nach Liebe und jeder soll sie auch bekommen.

Immer wenn jemand zu mir kommt, der die Sympathie nicht gerade vor sich her trägt, sage ich mir, der braucht bedingungslose Liebe. Ich weiß doch nicht, welches Schicksal ihn zu mir geführt hat, was er alles erleiden mußte. Sicher hat er auch nicht immer alles richtig gemacht. Wobei ich den, der immer alles richtig gemacht hat, auch noch nicht kennengelernt habe. Bei mir ist es oft so, daß diejenigen, die ganz schwer beladen zu mir kommen, häufig die größte Herzenswärme entwickeln Wenn der Schutzwall, den sie nach einem schweren Erlebnis, nach einer Erschütterung ihrer Seele, nach dem Verlust eines lieben Menschen um sich herum turmhoch aufgebaut haben, sich erst einen Spalt breit und dann vielleicht ganz öffnet, fließt zwischen mir und ihm eine große Energie. Der Patient spürt das im Moment, löst seine starre Haltung. Ihm geht es sehr gut.

Das macht nicht Antonio, das macht die Liebe, die sein Herz erreicht. Alle, die sich ins Abseits gestellt fühlen, versuchen sich durch diesen Wall zu schützen. Andere, die in die Enge getrieben werden, reagieren aggressiv, unkontrolliert. Sie meinen, es geht um ihr Leben, ihre Existenz. Das kann man doch verstehen. Denen muß man doch helfen! Damals, als das Ereignis passierte, ist die Hilfe, ist der Trost nicht gekommen. Oftmals wäre das sehr einfach gewesen. Die Hilfe hätte es geben können, aber wir sind selbst oft getrieben, haben keine Zeit, kämpfen selbst um unsere Existenz, wie wir meinen. Also baut sich der Verletzte seine eigene Welt mit Regeln nur für sich. Konflikte sind vorprogrammiert, obwohl man das anfänglich natürlich nicht sieht. Das Defizit an Anerkennung, das Ausbleiben von Liebe machen auf Dauer krank. Ich spüre bei der ersten Umarmung – die manchmal Jahrzehnte auf sich warten ließ – wie gut sie tut und ihre Wirkung sofort zeigt. Das Wunder der Liebe!

Mir fällt noch ein Beispiel ein. Während eines Workshops im englischen Stansted lernte ich einen grobschlächtigen Kerl kennen. Groß, laut, nicht geruchsneutral, große gelbe Zähne im Mund. Kein Kuschelbär. Seine Wortmeldungen nicht druckreif, wenig interessant. Keiner konnte ihn leiden. Die Antipathie in Person. Dann waren Partnerübungen an der Reihe. Wer kriegt diesen Kerl zugeteilt? Antonio! Alle anderen waren erleichtert. Das Traumpaar bestand aus Antonio (165 Zentimeter) und dem Zweimeterriesen, der mir mit einer Hand fast meinen ganzen Rücken abdecken konnte.

Die Übung bestand aus zwei Teilen. Zuerst sollten wir uns gegenseitig sagen, was uns an dem jeweils anderen nicht gefiele, und dann sollten wir uns – dennoch – in den Arm nehmen. Welche Aussicht! Noch wußte ich nicht, daß das ein Schlüsselerlebnis für mich werden würde. Wer mich kennt, der weiß, daß ich mit meiner Meinung nicht hinter dem Berg halte. Meist sage ich sogar unverblümt, was ich denke, wobei ich mich schon bemühe, diplomatisch zu sein. In diesem Falle wollte ich aber auch nicht mit der Tür ins Haus fallen. Also kritisierte ich zunächst seine unüberlegten Wortmeldungen. Und was erwidert dieser Mann mir darauf? Er habe seit Jahren mit keinem mehr richtig sprechen können. Deswegen habe er hier viel und schnell mitsprechen wollen. Irgendwie habe er sich nach dem Tod seiner Frau von anderen zurückgezogen. Er hatte gespürt, daß er von den vermeintlich gemeinsamen Freunden an der Seite seiner Frau nur geduldet worden war, sich keiner über ihn selbst gefreut hatte, ihn mochte. Seine Reaktion bestand dann auch in Grobheiten, die er austeilte. Das Leben mußte – aus seiner Sicht – wohl in diese Richtung verlaufen.

Als er mir das sagte, klang seine Stimme schon ganz anders als noch Minuten zuvor. Bei mir stellte sich ein tiefes Mitgefühl ein. Der Riese war auf einmal gar nicht mehr so groß. Er reduzierte sich auf das Maß eines normalen Menschen. Und Antonio war irgendwie erschüttert darüber, daß er diesen Mann Minuten vorher als kleines Ekel, als Dummschwätzer empfunden hatte. An mir übrigens fand er unsympathisch, daß ich so sympathisch daherkomme. Solche Sonnenscheinchen könne er nicht ab. Dann kam der Moment, der mich nachhaltig beeindruckte und veränderte. Wir sollten uns so lange im Arm halten, bis wir etwas spürten. Also umfaßte ich ihn kurz oberhalb der Gürtellinie und er schaute auf mich hinab und legte eine seiner Pranken auf meinen Rükken. Nun kannte ich ja aus der Energiearbeit, daß eine aufgelegte Hand schon sehr warm sein kann. Aber hier erlebte ich etwas völlig anderes. Seine Hand brannte sich geradezu in meinen Rücken, es schmerzte sogar. Ich hielt den streng riechenden Kerl wohl zwei Minuten fest und seine Hand brannte auf meinem Rücken.

Es dauerte eine Weile, bis ich diese Situation begriff, bis ich mich fallen lassen konnte, um diese Situation sogar zu genießen. Es löste in mir etwas aus, von dem ich bis dahin nichts wußte. Nach der Umarmung mußte ich den Raum verlassen, ich hatte mich nicht mehr unter Kontrolle, ich, der ich sonst doch so straight, so cool und abgeklärt, so erfahren bin. Ich kannte doch jede nur mögliche Situation. Ich habe euch davon erzählt. Aber nein, diese Situation kannte ich noch nicht.

Ich lief also in den großen wunderbaren Park. Jeder der großen Bäume hatte beim Pflanzen soviel Platz bekommen, daß er sich großartig entfalten konnte. Ich ging über den herrlichen englischen Rasen, setzte mich auf einen Baumstumpf und fing so an zu heulen, wie ich noch nie geweint hatte. Ich wußte nicht weshalb und warum, die Tränen strömten nur so aus meinen Augen. Ich stellte nur fest, in diesem Moment war ich mitten im Leben. Der Mann hatte irgendein Türchen geöffnet, das sehr viel in mir auslöste. Ich spürte sehr viel Liebe, ich spürte, wie sich Reduzierungen in meinem Leben auflösten. Ich erkannte, daß ich mich selbst in meiner Wahrnehmung anderer Menschen zurückgehalten hatte. Ich erkannte, daß mir die Liebe anderer gefehlt hatte, was ich vorher nicht ahnte.

Zum erstenmal wollte ich mir selbst keine Erklärung über das Vorgefallene geben, ich wollte es nur genießen. Auf dem Baumstamm hatte ich so etwas wie ein Nahtoderlebnis. Ich war gespannt, ob noch mehr passieren würde. Die ganze Gruppe kam dann in den Park. Sie hatte wie ich diese Energie, diese Liebe gespürt. Alle hatten geweint, ohne zu wissen, warum. Allen ging es nach diesem Erlebnis bestens.

Der große Mann übrigens hatte noch Jahre Kontakt zu mir. Er wurde ein guter Heiler, hat in Afrika besonders Kindern sehr viel von seiner großen Liebe abgeben können. Erinnere dich an meine Schilderung dieses unangenehmen Menschen vor einigen Minuten. Und jetzt vergleiche dieses Bild mit dem Ereignis und mit dem Resultat in den folgenden Jahren. Ein Mensch geht den ersten Schritt auf den anderen zu, durchbricht seine Isolierung und schafft sich damit eine bessere Realität. Bei ihm hat die Liebe etwas Großartiges bewirkt. Und auch du kannst die alles bewirkende Liebe erleben. Habe den Mut zum ersten Schritt. Erwarte ihn nicht von den anderen! Gehe auf das Leben zu, bleibe in Bewegung, es lohnt sich!

Woran erkrankt die Seele?

Das ist ein weites Feld. Ich habe dafür keine Definition. Ich muß dazu weit ausholen und ich begebe mich in »fremdes Territorium«. Und gleich am Anfang begebe ich mich weit aus der Deckung, wenn ich die Leistungen meiner Kollegen, der Geistheiler, auf eine Stufe stelle mit den ganz großen Erfindern der Neuzeit, zum Beispiel Bell oder Edison. Bell erfand das Telefon und Edison die Glühbirne. Beide haben natürlich dutzende Erfindungen mehr auf ihrem Konto, denn um Telefon und Glühbirne zur Reife zu bringen, waren andere Erfindungen unumgänglich. Was diese Erfinder und uns eint, ist die eindeutige Ablehnung durch die »Wissenschaft«, die Politik, die »öffentliche Meinung«, die manipuliert wird. Bell versammelte die damals führenden Wissenschaftler, um ihnen seine Erfindung vorzustellen. Er wurde verlacht und verhöhnt, von der Wirtschaft nicht ernst genommen. Seine Kollegen hielten seine »Erfindung« für einen Bauchrednertrick.

Genau so ging es Edison. Es gab ja eine Gaswirtschaft, die an der Beleuchtung verdiente, und die Ölwirtschaft. Beide Erfinder trafen auf eine unglaubliche Intoleranz und Ignoranz. Beide mußten einen unglaublichen öffentlichen Druck aushalten. Wir Geistheiler erleben das gleiche. Wir sagen, daß die Menschen an Geist und Seele krank sind und daß es Ursachen dafür gibt. Im zwischenmenschlichen Bereich: fehlende Liebe zwischen Partnern, belastetes Eltern-Kind-Verhältnis. In der Ausbildung: zu hohe Lernanforderungen, falscher oder kein Beruf, kein Studienplatz oder die falsche Wahl. Im Beruf: Leistungsdruck, Verhältnis Chef-Untergebener. In allen beruflichen und gesellschaftlichen Strukturen Hierarchien ohne Ende. In der Wirtschaftsordnung: Ausbeutung der Arbeitnehmer, der kleinen Leute und der ärmeren Länder. Im Bankenwesen: gnadenlose Konzentration auf Kosten der Mitarbeiter und Kunden.

Antriebskraft in allen Bereichen ist nicht die Liebe, sondern die Angst. Angst vor Arbeitsplatzverlust oder Arbeitslosigkeit, Versagensangst in der Schule, im Beruf, während des Studiums, des Praktikums. Angst vor Krankheit, körperlichen Gebrechen, dem Nachlassen der eigenen Kräfte, dem Alter. Die Liste ließe sich noch lange fortsetzen. Aber – so fragst du – ist das nicht der Gang der Dinge, ist das nicht normal? Man muß doch lernen, man wird sich doch mal streiten dürfen, der eine ist doch nun mal klüger als der andere, nicht jeder kann als Sänger oder Sportler viel Geld verdienen, einer muß doch der Chef sein. Das alles stimmt wohl, nur hat es schon lange Dimensionen erreicht, die eben nicht normal sind: die gnadenlose Ausplünderung der Naturressourcen und Arbeitskräfte, die Gewinne von Konzernen und Banken, die totale Entfremdung zwischen Mensch und Natur, die Heiligsprechung von technischem »Fortschritt«, die Allmacht der Medienkonzerne, der Verfall von Sitten und Moral!

O Gott, höre ich euch sagen, was redet der da. Während das hier notiert wird, reden Kanzler und Präsidenten über die Gefahr von »Heuschrecken«, wie sie ein Politiker beschrieb, ohne zu wissen, wie man die Gefahren abwendet. Während das hier notiert wird, erfahren Häuslebauer, daß ihre Hypotheken an ausländische Käufer verramscht werden und nicht selten in einer Zwangsversteigerung und der Verarmung der ehemaligen Besitzer enden. Geht es nicht eine Nummer kleiner, meinst du? Der Handyakku wird in China für 1,50 Euro produziert, hier für zwanzig Euro verkauft, aus Profitgründen, versteht sich. Die Holländer produzieren inzwischen für Afrika Zwiebeln und Milchpulver, weil sie es billiger können als die Bauern in Afrika. Daß die dabei ihre Arbeit verlieren, wen interessiert das schon? Die Akkus übrigens wurden auch in Deutschland produziert, sollte uns wenigstens das interessieren? Auch hier gäbe es eine endlose Reihe von Beispielen.

Es war, glaube ich, Rainer Werner Fassbinder, der einen Film mit dem Titel »Angst fressen Seele auf« gemacht hat. Ich kann mich nicht mehr an den Inhalt erinnern. Der Titel aber stimmt. Oder der Spruch aus dem 19.Jahrhundert, daß man Menschen mit einer (schlechten) Wohnung ebenso erschlagen könne wie mit einer Axt, paßt in diese Reihe. Wenn also ein Mensch keine lebenswürdigen Umstände vorfindet, erkrankt erst seine Seele und dann sein Körper.

Weil ich das weiß, muß ich das auch benennen dürfen. Was bei Edison die Gasindustrie war, ist für mich die Gesundheitsindustrie. Richtig gehört. Natürlich gibt es auch sinnvolle Medikamente, sicher. Gibt es auch überflüssige, die man dir in der Werbung einredet? Aber ganz sicher. Ich kenne Chefärzte von Krankenhäusern, die sich überall behandeln lassen, nur nicht in ihrer eigenen Klinik. Manche fliegen sogar weit weg in den Urwald, zu Medizinmännern, die nie studiert haben, die keine Urkunde über irgendeine Weiterbildung besitzen.

In Jahrhunderten hat sich eine feste Vorstellung von Medizin und Ärzten gebildet. Geistheiler passen in diese Vorstellung einfach nicht hinein. Das wäre ja auch zu simpel. Ich möchte keinem einzigen Mediziner irgendetwas unterstellen. Nur sei die Frage erlaubt: Ist die Menschheit in den letzten Jahrzehnten gesünder geworden, gibt es weniger Leiden und Schmerzen? Tauchen nicht immer neue Krankheiten auf? Gibt es keine Zusammenhänge zwischen Armut und Seelenleid der Mehrheit der Menschheit?

Wenn wir von einer hochentwickelten Wirtschaft in Europa und Deutschland reden, verschweigen wir, bitte, nicht die Zunahme seelischer Erkrankungen, das Ausbrennen (neudeutsch »Burnout-Syndrom«) beruflicher Leidenschaft und Engagement! Die Ausgaben für die sogenannte Hochleistungsmedizin steigen exorbitant, die Zuzahlungen der Patienten für einfachste Heilmittel und Medikamente ebenso.

Was uns Heiler angeht, sind wir keine guten Geschäftspartner der Pharmaindustrie, wir gehen andere Wege. Beziehungen zwischen mir und Leuten mit Rang und Namen und Titeln sind gescheitert, weil ich meine Überzeugungen als Heiler nicht aufgeben wollte und niemals aufgeben werde. Und die Rang- und Titelträger wollen in der Regel ihre Hierarchie, die sie absichert, nicht verlassen.

Wenn ich Aufwand und Nutzen zwischen einem Geistheiler und einem Arzt vergleiche, gewinnt in jedem Fall meine Berufsgruppe. Haben Grippeerkrankungen mit der Entwicklung teurer Impfstoffe abgenommen? Erkranken weniger Menschen an Krebs, nachdem immer teurere Geräte für die Bekämpfung entwickelt und hergestellt wurden?

Nein, wir Geistheiler passen nicht in dieses »Gesundheitskonzept«. Ich möchte selbstbestimmte Patienten, die ihre Einstellungen zum Leben verändern und so ihre Gesundheit in die eigenen Hände nehmen können. Verlaßt euch nicht auf Werbung und die Versicherungen, die euch bei allem helfen wollen, laßt euch keine Angst machen. Hört auf eure eigene Stimme, entscheidet selbst, was ihr im Leben wirklich braucht. Es soll euch doch gut gehen.

Meine Helfer in der geistigen Welt

Ich habe lange gebraucht bis zu der Erkenntnis, besser auf meine innere Stimme zu hören. Das war ein Prozeß bis weit ins Erwachsenendasein hinein. Das Problem ist, daß die innere Stimme oft ganz andere Lösungen für möglich hält, als wir es uns vorstellen können. Schritt für Schritt habe ich mich in dieser Beziehung weiter entwickelt und bin in der glücklichen Lage, mich an die unsichtbare, die geistige Welt gewissermaßen »anzubinden«.

Ich tue das für mich, vor allem aber stelle ich an die geistige Welt Fragen, wenn ich von anderen um Hilfe gebeten werde. Da ich weiß, daß genau dieser Vorgang für dich schwer vorstellbar ist, versuche ich, es dir zu erklären, denn du kannst das auch! Wenn eine Person zu mir kommt, stellt sie mir Fragen. Also verbal, richtig formulierte, laut ausgesprochene Fragen. Und es kommen unausgesprochene Fragen, die ich erspüre. Weil ich in diesem Moment schon angebunden bin. Ich bin in diesem Moment hellsichtig, hellfühlig oder hellhörig. Ich erspüre das Seelenproblem meines Klienten, was ihn natürlich sehr erstaunt. Denn er hat mir ja nichts davon erzählt. Manchmal hat er mir das genaue Gegenteil erzählt, weil er sich schämt, die Wahrheit zu sagen oder weil er seine Situation völlig falsch beurteilt. Es ist eine völlig normale Lage. Wir reden miteinander, trinken Kaffee oder Tee. Eine Eins-zu-Eins-Situation, wie ich das nenne. Keine Räucherstäbchen, kein Zaubergetränk, kein Trancezustand meinerseits. Es ist kein heiliger Moment. Alles ist völlig normal. Jedenfalls scheinbar. Denn ich bin voll »bei der Arbeit«, ich werde durch die geistige Welt in einen »Kanal« verwandelt. Durch diesen Kanal empfange ich Informationen, ich bin hoch sensibilisiert. Ich werde in die Lage versetzt, zu erkennen, dann zu helfen und – wenn alles gut geht – zu heilen, wobei der Heilungsgrad sehr unterschiedlich ist. Es hängt wesentlich auch von meinem Klienten ab, ob er für eine Heilung bereit ist. Denn diese Bereitschaft verlangt Einsicht in das Problem und die Bereitschaft, Veränderungen zuzulassen. Ein oft nicht leichter, meistens sogar ein vielschichtiger und schwieriger Prozeß. Bei jedem ernsthafteren Gespräch, zum Beispiel auch mit einem Journalisten, verändert sich mein Bewußtseinszustand. Es ist eine Mischung aus alten Erfahrungen und Kenntnissen und Erkenntnissen und neu mir zufließenden Informationen, über die ich selbst immer wieder erstaunt bin. Im Klartext heißt das: Ich nehme die mir gegenüber sitzende Person immer mehr wahr, ich erspüre energetische Blockaden, seelische Ist-Zustände. Während mir Probleme mit dem Darm, dem Rücken usw. berichtet werden, erfasse ich eben mit Hilfe der mir »gechannelten« Informationen die Situation der Gesamtpersönlichkeit. Ich gerate in einen Zustand, absolut alles zu wissen, was ich über die Verfassung der Person wissen muß. Ich befinde mich mit Hilfe dieser Informationen gewissermaßen in einer eigenen Abteilung oder – vielleicht ist das Bild ganz passend – in einer Wolke. Ich spüre die Schwingungen, die mir und damit dem Klienten helfen können. Es ist, wie gesagt, kein Ritual. Mein Gegenüber schüttet seine Probleme aus und meine Vereinbarung mit meiner geistigen Welt leistet die Hilfe, die nötig ist.

Wer sind nun meine geistigen Helfer? Man spricht von Schutzengeln, Erzengeln, Aufgestiegenen Meistern, Helfern eines höheren Selbst. Letztendlich sind es die Seelengruppen, die sich in der geistigen Welt befinden. Jene Seelen, die nicht auf der Erde inkarniert sind, die aber bereit sind – wenn man sie anspricht – den rettenden Gedanken zu schicken

Meine Nichte Daniela hat während einer Mathematikarbeit zu ihrem verstorbenen Opa gesprochen. Sie bat ihn, ihr zu helfen und die Lösungen sprudelten nur so. »Wenn ihr euch an uns erinnert«, sagen sie jedem, der es hören will, »sind wir immer für euch da!«

Ich bin dir natürlich nicht böse, wenn du jetzt wieder sagst, so etwas gibt es doch nicht, das kann doch nicht sein. Du sagst dir vielleicht: »Zu mir hat noch niemand gesprochen!« Und ich sage dir: Doch, schon ganz oft. Vielleicht denkst du, jemand müßte dir etwas ins Ohr flüstern. Nein, es sind deine Gedanken. Was du in diesem Moment denkst, also was unmittelbar in deinen Kopf gelangt, ist die Kommunikation mit der geistigen Welt. Ich sage dir, daß es das gibt. Ich erfahre das jeden Tag. Und ich sage dir, daß es allein an dir liegt, die gleichen Erfahrungen mit diesen Wesen zu machen. Wenn dir ein anderer Begriff als Engel dafür einfällt, dann verwende ihn dafür. Die Helfer stehen gewissermaßen bereit. Du mußt nur lernen, dich zu bedienen! Ich kann dir Geschichten erzählen! Ich sehe Bilder vor mir wie mein Gegenüber sich im Urlaub befindet, stolpert und sich am Bein verletzt. Ich sehe den Streit mit seiner Frau etc., etc. Ich kläre das dann auch gleich mit ihm ab. Keine Frage, daß mir das sehr hilft, das Vertrauen zu gewinnen und den Heilungsprozeß einzuleiten, gewissermaßen ganz nebenbei. Die mir gesandten Energien kommen im richtigen Moment durch mich hindurch zum Heilung suchenden, ein faszinierender Vorgang. Die Worte, die ich ausspreche, sind schon Heilung. Ich kann Gedanken in Worte fassen, was die Patienten selbst nicht können. Wir alle haben nicht wirklich gelernt, über unsere Probleme zu sprechen. Ich setze sie also meinem Redeschwall aus. Ich bin bei der Saat meiner Worte bewußt verschwenderisch und meine Worte fallen auf fruchtbaren Boden.

Ich säe in sie hinein, was sie später als Heilung ernten werden. Nicht jede Heilung erfolgt spontan, wie sich vielleicht schon herumgesprochen haben wird. In der Tat kommen viele Patienten auch mehrmals zu mir. Es soll ja auch Menschen geben, die nach jahrzehntelangen Arztbesuchen noch immer nicht gesund sind. Warum sollen sie beim ersten Besuch bei mir geheilt werden? Wären sie vor zwanzig Jahren gekommen, hätten sie sich viel ersparen können, möchte ich da leicht ironisch hinzufügen. Und viel ernsthafter sage ich: Lerne beizeiten, dich selbst anzunehmen, dich selbst zu lieben. Dann bleibst du auch gesund, denn die Liebe ist die große Heilerin in deinem Leben.

Saat und Ernte

Darf ich jetzt davon ausgehen, daß du bereit bist, mit mir darüber nachzudenken, wie du dich annehmen und lieben kannst? Dann fange ich mit einer Erkenntnis an, die viele noch nicht haben oder sich der Tragweite nicht bewußt sind: Alles, was wir heute denken, sagen und tun, werden wir morgen sein. Die Saat von heute ist die Ernte von morgen. Wenn du heute von dir denkst und es auch noch aussprichst, wenn du vielleicht auch noch so handelst wie ein kleiner, dummer Mensch, der nicht viel kann und nicht geliebt wird, warum sollst du morgen genau das nicht mehr sein? Sage mir einen Grund dafür. Soll ein Wunder geschehen, ein Lottogewinn eintreten, die Schönheitskönigin an deine Tür klopfen, der Arbeitgeber freiwillig den Lohn verdoppeln? Du hast Recht, das ist alles Blödsinn! Aber warum denkst du noch so klein?

Alles, was du sprichst, formt sich gewissermaßen zu einem Programm, nach dem du funktionierst. Wir können das ja mal durchgehen am Beispiel eines Menschen, der sich klein und unbedeutend vorkommt. Klein, ungeliebt, ohne besondere Fähigkeiten, durchschnittliches Äußeres, Männlein oder Weiblein – egal. Oft malen Leute, die mich aufsuchen, etwa ein solches Bild von sich. Ach na klar, dazu kommen noch diverse Wehwehchen. Als erstes frage ich sie, weshalb sie sich so sehen. Sie setzen sich freiwillig auf die unterste Stufe des Lebens. Oft fällt dabei der Satz: »Das ist typisch für mich!« Sie meißeln die eigene Geringschätzung geradezu in Stein, so, als sollte es ewig da stehen bleiben. In der Tat wird hier etwas manifestiert. Ich versuche herauszufinden, warum jemand so von sich redet, ob es aus einem selbst kommt oder von anderen eingeredet wurde. Die Familie kommt dafür in Frage, der Arbeitgeber, Bekannte und »Freunde«, auch man selbst und der eigene Partner. Meist wiederholen sie das von anderen gesagte so lange, bis es ihre »eigene« Meinung wird, bis es »typisch« für sie ist. Herauszufinden, woher die negative Meinung kommt, ist nicht schwer für mich. Ich bin lebenserfahren und außerdem habe ich ja meine »Anbindung«, von der ich dir erzählt habe. Vor meinem dritten Auge bekomme ich Bilder, sehe ich Szenen, die sich im Leben des anderen abgespielt haben. Er ist erstaunt, bestätigt mir, daß sich dies oder das gerade erst gestern genau so, wie ich es beschrieben habe, abgespielt hat. Woher ich das denn weiß, will er wissen. Ich erfahre das in dem Moment, da er mir gegenübersitzt oder – steht. Ich beobachte ihn genau, studiere seine Körpersprache, suche nach äußeren Anzeichen und erhalte von meinen Helfern die Informationen, um ein exaktes Bild zu bekommen. Meinem Gegenüber gefällt das in der Regel nicht. Er hat es mir ja nicht erzählt, er hätte es lieber verschwiegen. Nach meiner ersten Analyse frage ich, was er sich denn an Positivem wünscht. Weißt du, wo du hin möchtest, hast du ein Ziel? Er soll mir nicht sagen, daß er am liebsten Bankdirektor wäre, denn dieser Wunsch wäre in seinem Fall – ich bin klein, unbedeutend etc. – nicht angemessen. Er könnte damit gar nicht umgehen, wäre nicht glücklich damit. Er soll sich etwas wünschen, was er sich wirklich auch vorstellen kann. Nicht 50 Millionen auf dem Konto, aber ein paar Tausend, die er dringend gebrauchen könnte, das wäre in Ordnung, gewissermaßen zum Üben. Was ich erreichen möchte, ist, den Menschen aus seiner destruktiven Haltung herauszubringen. Eine oft gebrauchte, destruktive Formel lautet: »Ich weiß nicht, ob ich jemals wieder Arbeit bekomme, in Urlaub fahren kann, einen neuen Partner finde, einen Chef, der mich schätzt!« Die Aufzählung ist unendlich lang.

Wenn ich das höre, steht für mich fest, daß wir zunächst einmal an der Saat etwas verändern müssen. Das beschriebene Zukunftsfeld ist mit Müll besät, da kann nichts Gutes wachsen. Ich sage ihm dann, wie es zu seiner Situation gekommen ist. Ich erzähle ihm von seinen ständigen Streitereien, seinem Besserwissenwollen, auch seinem Versagen hier und dort, seiner Mutlosigkeit. Ich rede von Ursache und Wirkung. »Wie man in den Wald hineinruft, schallt es wieder heraus!« Ich erkläre, daß dies ein Prinzip ist, das im Leben so funktioniert. Im Guten wie im Schlechten. Brüllst du einen an, wird er dich dafür nicht umarmen. Lächelst du jemanden an, kommt es meist zurück!

Beim Billardspiel gelten physikalische Gesetze. Den Kugeln ist es egal, ob du lächelst. Du mußt sie nur richtig treffen. Bei den zwischenmenschlichen Beziehungen dagegen ist es viel komplizierter. Wenn ich das Prinzip eines Echos verstanden habe, dann sollte ich es doch für mich nutzen.

Willst du freundlich behandelt werden, sei freundlich, bringe anderen Vertrauen entgegen, wenn du Vertrauen suchst. Erwartest du Pünktlichkeit von anderen, komme nicht zu spät. Tritt selbstbewußt auf und man begegnet dir mit Respekt usw. Alles leicht gesagt und schwer getan, ich weiß. Aber wir wollen uns doch verändern, oder? Hat einer das Prinzip verstanden, kann er mit der Veränderung beginnen. Allerdings wirst du noch sehr oft in Situationen kommen, in denen du nicht stark genug bist, dich so zu verhalten, wie du es dir vorgenommen hast. Zweifel ereilen dich. »Hab ich doch gleich gesagt, daß ich das nicht schaffe, daß das nichts für mich ist. Ich kann einfach nicht positiv denken!« Mußt du ja auch nicht! Ist doch Quatsch, wenn einer an einem Regentag denkt, es müßte jetzt die Sonne scheinen. Die Sonne scheint wieder, wenn der

Regen aufgehört hat. Ich kenne Leute, deren »positives« Denken besteht darin, alle Probleme unter den Tisch zu kehren. Sie lügen sich die Wirklichkeit schön. Sie lösen kein Problem, sie verschieben es, sie schieben es auf die lange Bank. Und was haben wir schon gelernt? Solches Verhalten macht letztendlich krank. Was also muß ich tun? Ich muß tief in mich hinein hören, muß zu den Wurzeln meiner Gedanken gelangen, sie erkennen, akzeptieren und zu ihnen stehen. Schließlich bist du die wichtigste Person in deinem Leben! Jetzt höre ich dich sagen, meine Kinder und mein Partner sind die wichtigsten Personen in meinem Leben! Stimmt, aber erst nach dir! Du willst doch wundervoll und lebensbejahend und nicht ängstlich und unterwürfig sein, ein Mensch der anderen nach dem Munde redet. Die negative Reihe der Beispiele ist unendlich lang! Bist du eine wundervolle Persönlichkeit, dann hat dein Partner allen Grund, dich gut zu finden, dir Gutes zu tun und dich zu achten.

»Liebe deinen Nächsten wie dich selbst!« Ich gratuliere, gerade hast du ein Gebot der Bibel befolgt. Selbst stark zu sein schließt natürlich ein, andere zu tolerieren und zu akzeptieren. Und zwar so wie sie sind! Das geht aber erst, wenn du dich selber vollkommen annimmst mit all deinen Ecken und Kanten. Mit allen! Ich denke an Falten und Beulen, zu dicke Beine und zu kleine Busen, an behaarte Rücken, dicke Brillengläser, abstehende Ohren, ich denke an dicke Bäuche, zahnlose Münder, gelbe Zähne, an Haare, die aus der Nase ragen oder einen Frauenbart. Ist nicht leicht, zu solchen Menschen Liebling zu sagen!

Die Kirche hat uns das Gebot immer anders vermittelt. »Du sollst den anderen lieben wie dich selbst!« Welch eine Bedrohung für die Menschen, die von dir geliebt werden. Die Kirche sagt dir, du bist ein Sünder. Alles, was dir Spaß macht und gut schmeckt und lecker ist, ist Sünde. Von deinen Gedanken ganz zu schweigen. Das wäre ja Völkermord. Sei also froh, daß du dieses Gebot bis heute noch nicht ganz so ernst genommen hast!

Etwas sehr wichtiges zwischen mir und meinem Patienten, der mich um Hilfe bittet, ist, daß ich ihm Hilfe anbiete, er selbst aber die Lösung finden muß. Ich benenne die Themen, die Defizite, löse sie aber nicht. Keiner geht von mir nach Hause, um dort zu verkünden: »Herr Landa hat gesagt, ich soll jetzt das und das tun, ich soll jetzt mit dir über dies und das reden!« So findet das nicht statt. Ich sage vielmehr: Sei mutig, beginne zu tun, wovor du immer Angst hattest, öffne die Türe, nutze dein Talent. Hast du die Angst überwunden, folgt die Befreiung. Du wirst in die Lage versetzt, zu lieben und große Leistungen zu vollbringen. Voraussetzung dafür ist der Wegfall der Mauer der Angst. Dein Spielfeld ist auf einmal viel größer, du kannst dich freier bewegen. Ich weiß, jeder Vergleich hinkt. Ich versuche es trotzdem mit diesem Bild. Als Fußballnation versteht ja fast jeder hierzulande etwas von diesem Spiel. Also: Bevor die gegnerische Mannschaft – deine Probleme – auf das Feld kommt, hast du jede Menge Platz. Du kannst Spielzüge entwickeln. Jetzt kommt aber die andere Mannschaft, die will auch den Ball und sie will ihn in dein Tor schießen. Was machst du? Du schaust dir den Gegner an, versuchst herauszufinden, wo er Schwächen hat. Gleichzeitig bringst du deine Stärken ins Spiel, du willst gewinnen. Wenn das so läuft, haben beide Mannschaften etwa die gleichen Chancen. Wenn du aber von vornherein sagst, dir einredest, die anderen sind zu stark, gegen die gewinne ich nie, dann hast du schon vor Spielbeginn verloren. Du verkleinerst dramatisch deinen Spielraum, du denkst mehr über die Stärken des Gegners nach, du überläßt ihm die Initiative, du stellst dich in die Ecke, bist inaktiv. Warum konzentrierst du dich nicht auf deine Stärken, erinnerst dich nicht an dein hartes Training, deine hervorragende Kondition, deine taktischen Fähigkeiten usw. Auf dem Spielfeld ist es wie in deinem Leben, jeder hat seine Chancen, wenn er sie nutzt.

Ich nenne noch ein Beispiel. Jemand kommt zu mir, der auf seiner Arbeit eigentlich mit keinem zurecht kommt. Ich bitte ihn, am Wochenende mal auf einem Stück Papier den Grundriß der Büroräume seiner Kollegen aufzuzeichnen. Schreibe die Namen deiner Kollegen in jedes Zimmerchen, sage ich, und male zu jedem Namen ein kleines Herz! Ob ich ihn verarschen wolle, kommt es zurück. Der Sinn dieser Übung besteht darin, den Kollegen seine Liebesenergie zu schicken. Er solle sie beflügeln, ihre Arbeit besser verrichten zu können. Einigen Kollegen könne er nun wirklich kein Herz malen, anderen schon. Male so viele wie du kannst, rate ich ihm.

Klar war, daß die Personen, denen er kein Herz malen wollte oder konnte, ihm am meisten zu schaffen machten. Am meisten Angst hatte er vor seinem Personalchef, der bekam als letzter ein Herz gemalt, erst nach zwei Wochen. Was passierte bei ihm auf der Arbeit? Stell dir vor, sagt er, setzt sich doch der Personalchef in der Kantine an meinen Tisch und erzählt mir von seinem Urlaub. Bis dahin saß ich immer alleine dort. Wir stellen fest, daß wir beide Drachen bauen, und man könne sie doch mal gemeinsam fliegen lassen! Mit dem euphorischen Gefühl – der Personalchef will mit mir Drachen fliegen lassen – sofort der nächste Zweifel: Seine Drachen fliegen bestimmt besser!

Die beiden haben sich getroffen, es hat sich in der Firma herumgesprochen. Der Synergieeffekt war da. Mein kleiner, bescheidener Mann hat sich verändert. Das ganze Büro hat sich verändert. Die Kollegen gehen besser miteinander um. Und was hat die ganze Maßnahme gekostet? Ein Blatt Papier, etwas Mut und Überwindung, den ersten Schritt auf die Kollegen zuzugehen. Konzentriere dich auf die Lösung und nicht auf das Problem. Rede nicht über Dinge, die du nicht mehr haben möchtest, sondern sage, was du wirklich willst! Wer es nicht glaubt, sollte es selbst einmal probieren.

Mein kleiner Mann, von dem wir die ganze Zeit reden, geht jetzt gern zur Arbeit, er zieht sich sorgfältiger an. Er hat sich verändert, er ist einen großen Schritt in seinem Leben vorangekommen. Ihm ist ein großes Paket mit Sorgen von den Schultern genommen worden. Drehten sich vorher seine Gedanken um die Kollegen, die ihm das Leben so schwer gemacht hatten, wie er meinte, hatte sich das Blatt um 180 Grad gewendet. Er hat sich durch eigene Kraft ein großes Stück seiner Freiheit zurückgeholt. Er hat verstanden, daß die Kollegen sein Spiegel sind. Wenn du dir morgen früh im Spiegel nicht gefällst, nützt es wenig, ihn wegzuhängen oder kaputt zu schlagen. Simpel, very simpel!

Ich bin wichtig!

Unser »kleiner Mann« hat letztendlich nach dieser Devise gehandelt. In Deutschland ist das nicht ganz selbstverständlich.

Selbstbewußtsein zu haben und auch noch zu zeigen, ist oft gar nicht erwünscht. In anderen Ländern wird dies mitunter sogar unter Strafe gestellt. Ich denke an die buddhistischen Mönche in Birma, die mit vielen Mitbürgern gegen das brutale Militärregime demonstriert haben. Das Volk wollte nur genug zu essen haben und in Freiheit leben. Das aufmüpfige Volk bezahlte mit einem Blutzoll.

Befehlsempfänger sind leichter zu handhaben, auch bei uns! Diskussionen erschweren viele Entscheidungen nur. »Ich entscheide und basta!«, sagt der Boß. Und auf einmal sagt mein kleiner Mann: »Ich entscheide selbst darüber, was ich tue!« Weißt du, was das heißt, selbstbestimmt zu leben?

Am Anfang ist das nicht leicht. Du machst dir nicht viele Freunde. Im Verlauf deines Lebens jedoch zeigt sich, daß selbstbewußte Menschen natürlich erfolgreicher sind, echte Freunde haben und viel mehr vom Leben. Wenn einer was von mir haben will, dann wird er froh sein, etwas von einem zu kriegen, der weiß, wovon er redet und was er tut. Wer gelernt hat, zu sich selber zu stehen, wird diese positive Aura haben, und die anderen spüren das im positiven Sinne. Man spürt meine Kreativität, mein Schöpfertum, meine Einmaligkeit, wenn du so willst. Nun sage nicht gleich wieder, wer denn deine Einmaligkeit spüren soll, du wärst doch nur ein ganz normaler Mensch. Genau darüber nachzudenken, lohnt sich in jedem Fall. Du kennst die Harry-Potter-Romane. Kennst du auch die Geschichte seiner Autorin Joanne K. Rowling? Sie wurde lange reduziert auf den Satz: »Eine allein erziehende Sozialhilfeempfängerin schreibt Bestseller-Roman!«

In der Tat schrieb sie den ersten Harry Potter in einer solchen Situation. Die Idee dazu kam ihr 1990, 1993 wurde ihre erste Tochter geboren und 1995 war der erste Band fertig. Ihr Literaturagent suchte lange nach einem Verlag, bis am 26.Juni 1997 der erste Band mit einer Auflage von 500 Stück erschien. Drei Tage danach kaufte ein amerikanischer Verlag die Rechte für 100 000 Dollar ab und Frau Rowling war als Anfängerin mit einem Schlag bekannt, berühmt wurde sie erst im Verlaufe der nächsten zwei, drei Jahre und außerdem steinreich. Sie soll mehr besitzen als Königin Elisabeth II.. Warum erwähne ich das? Frau Rowling hat offenbar immer an sich geglaubt, hat Geduld über Jahre bewiesen, biß sich als allein erziehende Mutter durch, ließ auch zu, daß bis heute nur die Initialen J.K. vor ihrem Nachnahmen auf dem Titel stehen, denn man hatte befürchtet, daß Jungen den Roman einer Frau nicht würden lesen wollen! Es ist nicht überliefert, ob sie immer daran geglaubt hatte, daß Harry Potter ein Erfolg würde. Ganz gewiß aber konnte sie nicht ahnen, daß bis 2007 mehr als 325 Millionen Bände weltweit verkauft werden würden. Sie konnte nicht wissen, daß sie es sein würde, die die Kinder dazu bringen würde, anstelle des Gameboys wieder ein Buch in die Hand zu nehmen. Mache es wie Frau Rowling. Nimm dich wichtig, glaube an dich, sei geduldig, lerne viel und bewege dich, gehe auf die anderen zu! Frau Rowling begann nicht zuerst mit ihrem Harry Potter! Nach ihrem Französisch-Studium und Kursen für klassische Altertumswissenschaften hatte sie verschiedene Tätigkeiten ausgeübt, zwei Romane geschrieben, die keiner haben wollte und die sie später vernichtete. Lohnt es sich, über solche Lebensläufe nachzudenken? An welchem Punkt bist du? Denke an den Mann mit den Büroherzen! Er hat erfahren, daß er sich wirklich ändern kann. Machen wir uns doch bewußt, welche Energie in uns steckt, welche Kraft unsere Gedanken haben können. Hast du schon mal erlebt, daß du an eine Person gedacht hast und eine Minute später ruft sie bei dir an. Wie geht das? Es ist das Prinzip der Anziehung. Worauf du dich konzentrierst, ziehst du an. Du bist wie ein Magnet, der seine Anziehungsthemen verändern kann. »Alles Quatsch!«, sagst du, »nur Zufall!«.

Dann übersetze mal das Wort Zufall. Es fällt dir etwas zu, als Geschenk sozusagen. Dann nimm es auch als solches an. Wir haben alle Informationen füreinander, Gedanken. Lassen wir diesen Gedanken doch freien Lauf. Denken wir an die, die wir gern haben. Auch an den, der das noch nicht weiß. Schenken wir anderen unsere Aufmerksamkeit, unsere Freundlichkeit. Sie werden es spüren und du wirst etwas zurückbekommen. Es liegt nur nicht in deiner Hand, den Zeitpunkt und die Intensität der zurückfließenden Energie zu bestimmen. Noch etwas: Der Gedanke, den du für einen anderen Menschen hast, muß nicht immer einzigartig und riesengroß sein. Häufig reicht eine kleine Information aus, um große Veränderungen zu bewirken. Ich rede hier von deinem Alltag und ich rede davon, daß jeder auch mediale Fähigkeiten besitzt, ohne sich dessen bewußt zu sein.

Noch einmal: Die Aura

Was mache ich mit meinen Fähigkeiten, meiner Energie und wie kann ich sie an andere weitergeben? Geht das überhaupt? Natürlich kannst du das. Manchmal bist du dir dessen auch bewußt, manchmal nicht. Du kannst positive Energie weitergeben, aber auch negative. Stell dir vor, du betrittst einen Raum, in dem schon andere Personen sind. Mit dir kommt auch deine Aura in den Raum.

Die Aura, du erinnerst dich, umgibt dich unsichtbar in mehreren Schichten, sieben an der Zahl. Bist du schwach, ist deine Aura auch nicht stark. Du mußt schon sehr dicht an einen anderen Menschen herantreten, bis er dich sozusagen aurisch erspüren kann. Betritt einer mit einer stark negativ aufgeladenen Aura beispielsweise ein Restaurant, das er gleich nicht gut findet, weil ihm der Kellner, das Mobiliar oder die Gäste nicht gefallen, spüren die anderen: Hier kommt ein Kotzbrokken, vor dem mußt du dich in Acht nehmen, hoffentlich kommt der nicht an meinen Tisch. Deine eigene positive Energie wird von dem Kerl gewissermaßen blockiert oder »abgesaugt«.

Jetzt betritt der nächste das Lokal. Der grüßt freundlich, hat ein nettes Wort für den Kellner, der schon seit Stunden die Gäste bedient, bedankt sich für das wohlschmeckende Essen, bittet darum, das auch dem Koch mitzuteilen. Der Raum schwingt nun in einer sehr positiven Weise. Gehst du an diesem Abend nach Hause, hattest du ein schönes Erlebnis. Nun sage bitte nicht gleich, das habe ich so noch nicht erlebt. Ich bezweifle das. Du hast es nur nicht so deutlich gespürt, du hast es unterbewußt wahrgenommen. In jedem Fall hat es dir gefallen. Ein Freund erzählte mir mal die Geschichte einer Frau, die seit Jahren schon mit viel Liebe und Aufwand selbstgemachte Fotos zu Kalendern gestaltet und sie dann verschenkt. Ein Beschenkter freute sich so sehr, daß er dieser Frau, Monika, einen Gutschein zusandte. Der Gutschein berechtigte Monika, mit Freunden in einem sehr guten Fischrestaurant am Meer essen zu gehen. Im Restaurant wurde Monika mit ihren Freunden freundlich begrüßt, man wußte, das ist die Frau, die anderen soviel Freude mit ihren Kalendern bereitet. Das Essen war besonders gut, die gute Stimmung am Tisch von Monika übertrug sich auf das ganze Lokal, der Kellner war mit dem Trinkgeld sehr zufrieden. Alle hatten einen sehr schönen Abend erlebt. Diese Geschichte ist für mich gewissermaßen die klassische Übertragung positiver Energie. Die Fotos wurden im Sommer an der Ostsee gemacht, der Kalender bereitete Weihnachten diese Freude, das Essen fand ein Jahr nach dem Entstehen der Bilder statt. Die Energie wurde ohne Verlust von Station zu Station weitergegeben. Ich muß dazu sagen, Monika hat die Kalender nicht gemacht, um ein Gratisessen dafür zu bekommen, sondern, weil sie das gern tut und die Leute ihr sympathisch sind. Nur so funktioniert das. Monikas positive Einstellung bewirkt die Entstehung von Freude!

Ich könnte auch gegenteilige Beispiele erzählen, will das aber nur ganz kurz machen: Einer schenkt einem anderen etwas und erwartet eine Gegenleistung. Kommt die nicht, verbreitet der Enttäuschte Geschichten über den Undankbaren, die an Rufmord grenzen. Du siehst, du kannst mit deiner Energie, mit deiner Aura das oder das bewirken. Raum und Zeit sind kein Hindernis dafür. Du kennst auch die Situation: Du betrittst einen Raum, in dem bis vor einer Sekunde noch über dich geredet wurde und du spürst sofort, ob sie gut oder schlecht über dich gesprochen haben!

Fernheilung – eine Utopie?

Ebenso wie Raum und Zeit kein Hindernis für Energieübertragung sind, ist Fernheilung keine Utopie, sondern Realität. Ich biete Fernheilung an, wenn Menschen nicht die Möglichkeit haben, zu mir zu kommen, oder wenn sie zum Beispiel in den wohlverdienten Urlaub fahren. Leute, die schon Bescheid wissen, bitten mich, sie im Urlaub energetisch zu unterstützen. Für mich ist das einfach: Ich schreibe mir Vor- und Nachnamen, das Geburtsdatum, den Wohn- oder Urlaubsort auf. Das reicht dann schon.

Ich bin bereit, ihnen heilende Gedanken zu schicken. Wie geht das? Die meisten gehen davon aus, daß eine solche Fernheilung die gleiche Zeit beansprucht wie eine Behandlung vor Ort.

Sie meinen, ich bekäme nicht genug Schlaf, wenn ich so vielen Menschen auch noch im Urlaub helfe. Keine Bange, ich komme schon zu meinem Schlaf. Fernheilung bedeutet, daß ich den Kosmos bitte, mich bei der Übertragung meiner Gedanken, meiner Energie zu unterstützen. Für mich habe ich da so ein Bild: Ich schicke meine Energie wie eine Feuerwerksrakete in die Höhe.

Meine Energie fliegt nur wesentlich höher und weiter. Und so wie sich die Feuerwerksrakete nach der Explosion weit verteilt und in allen Farben langsam zur Erde sinkt, erreicht meine Energie gleichzeitig alle, die mich darum gebeten haben. Das ist doch eine feine Sache, findest du nicht?

Und ich unterscheide nicht danach, ob mich gestern einer darum gebeten hat oder schon vor einem Jahr. Alle, die ich kenne und die, die Energie brauchen, beziehe ich in diese Hilfe, in diese Heilung ein. Und es funktioniert. Es ist vergleichbar mit der Turboaufladung eines Akkus. Die meisten Menschen, das erlebe ich immer wieder, besitzen zu wenig Antriebskraft. Sie achten nicht darauf, den Akku regelmäßig aufzuladen. Sie essen und trinken zwar, sie betanken regelmäßig ihr Auto, vergessen aber, ihre Seele mit Liebe, Ruhe, Entspannung zu erquicken Es klingt komisch und stimmt trotzdem. Viele nutzen nicht einmal den Jahresurlaub hierfür. Die zwei Wochen sind dann besser organisiert als das ganze Leben. Sie sind minütlich durchorganisiert.

Mit Video und Foto werden sie dokumentiert, auch Emails oder SMS bezeugen den Daheimgebliebenen die Einmaligkeit der Geschehnisse im fremden Land. Von Erholung der Seele kann da keine Rede sein; die Haut wird verbrannt, der Magen und die Leber strapaziert – wir haben ja »all inclusive« gebucht – und wir nutzen überhaupt jede Minute, um jeden Schnickschnack mitzumachen, nichts auszulassen.

Sie nehmen den Alltagsstreß mit in den Urlaub, häufen neuen Streß an und kommen doppelt beladen wieder nach Hause, bräuchten, eben zurück, eigentlich gleich wieder Urlaub! Kennst du, nicht wahr? Oder gehörst du schon zu den Klugen?

Du bist hier geblieben, hast Urlaub auf dem Lande gemacht, am leeren Strand am Rande der Saison, hast Ruhe in einer Kirche gesucht, Erbauung bei einem Klassik-Open-Air-Konzert?

Von »meinen« Urlaubern erhalte ich oft eine Rückmeldung. Sie haben gespürt, wenn ich ihnen Energie geschickt habe. Sie berichten mir, daß sie gemerkt haben, wie sich an ihrem Rücken etwas bewegt hat und sich danach ein Wohlgefühl einstellte. Einige sagen, sie hatten das Gefühl, als ob ich an ihren Beinen gezogen oder ihren Rücken massiert hätte. Das ist sehr unterschiedlich und nicht jeder spürt immer alles.

Ein Ergebnis meiner Fernheilung ist auch, daß jemand mir berichtet, er habe sich endlich einmal durchgesetzt und das gemacht, was er machen wollte. Er hat die Stadtführung einfach ausgelassen, hat sich statt dessen auf eine schattige Bank gesetzt und endlich das Buch gelesen, das er schon immer lesen wollte. Der Partner war dann ganz erstaunt und erfreut darüber. Er hatte bisher gedacht, es müßte in dem Tempo gehen, wie es all die Jahre gegangen ist. Auch er war mit dem niedrigeren Gang einverstanden! Mit dem niedrigeren Gang, verstehst du? Energie kann auch dafür eingesetzt werden, langsamer zu sein. Die landläufige Vorstellung von Energie wird verbunden mit Kraft, Schnelligkeit, Ausdauer, scharfem Verstand usw.

Und jetzt komme ich und gratuliere dir, weil du deine Energie eingesetzt hast, um im Urlaub langsamer zu sein. Schaust du dir die Landschaft länger an, gräbt sie sich ins Gedächtnis ein, dein Herz wird ergriffen von der Schönheit einer Ansicht. Du eignest dir das Bild an, ohne es fotografiert zu haben.

Womit ich natürlich nichts gegen das Fotografieren sagen will. Nur kann das Foto nicht Ersatz für das Betrachten mit dem eigenen Auge sein. Ein Foto kann immer nur einen winzigen Auszug aus der Natur wiedergeben. Deine lebhafte Beschreibung des gleichen im Bild festgehaltenen Moments dauert Minuten und wird begeistert aufgenommen!

Ich werde auch gefragt, wie lange die Fernheilung anhält. Die klare Antwort ist: Ich schicke Energie so lange, wie das Defizit besteht. Ich erhalte manchmal eine Überweisung auf mein Konto von einem Menschen, dessen Behandlung ich vor Jahren begonnen habe.

Offenbar spürt derjenige auch nach längerer Zeit meine »Sendungen«. Für mich ein eindeutiger Beweis. Wer bezahlt schon für etwas,

was er nicht erhält. Wir sind wie mit einem unsichtbaren Handy verbunden. Und zwar so lange wie der Mensch das wünscht. Man berichtet mir auch, daß bestimmte Tabletten nicht mehr eingenommen werden.

Die Menschen sagen mir: Ich habe ein solch energetisches Niveau erreicht, daß ich stark genug bin, etwas in meinem Leben zu verändern. Ich möchte die Besserung auch weiter spüren, nicht wieder in alte Gewohnheiten zurückfallen, die mir nur geschadet haben. Erfahre ich so etwas, dann geht es mir gut, meine Arbeit hat sich gelohnt, ich heile! Schlechte Gewohnheiten sind nicht nur die Laster: Trinken, Rauchen, Bewegungsmangel etc., sondern die negativen Gedanken, die ständig um Sorgen und Krankheiten kreisen. Denke an den Magneten: Du ziehst die Sachen an, auf die du dich konzentrierst!

Skeptiker könnten jetzt einwenden, Landa macht die Leute doch von sich abhängig, obwohl er am Anfang des Buches gesagt hat, daß er niemals ein Guru oder so etwas sein würde und wollte.

Der Skeptiker kann ich beruhigen. Ich habe viele Leute so weit gebracht, daß sie ihren Energiehaushalt allein im Griff haben – und damit auch ihr Leben.

Manch einer verdient inzwischen sogar sein Geld damit. Du erinnerst dich doch noch daran, daß ich Reiki-Einweihungen mache. Dennoch kommt es vor, nicht einmal selten, daß mich selbst Fortgeschrittene bitten, ihnen ab und zu Energie zukommen zu lassen. Und ich gestehe auch freimütig, daß ich mir sehr gern von meiner Partnerin Claudia Energie geben lasse. Das ist völlig legitim. Auch Antonio Landa wird mal müde, versäumt sogar, an die Aufladung seines Akkus zu denken. Gut, daß es dann Claudia gibt!

Es ist wie ein Glaubenssatz. Viele kochen die Suppe nach dem gleichen Rezept. Und doch schmeckt sie bei einem am besten. Mit einem Wort, keiner ist von mir abhängig, es sei denn, man bezeichnet Kameradschaft oder enge Freundschaft als etwas Negatives, das Abhängigkeit bedeutet. Ich bin gegen Vereinsmeierei mit Vorsitzenden und Ältestenrat. Ich bin für Verbindungen zwischen Menschen, die sich gegenseitig achten und weiterhelfen, die sich entwickeln und sich über die Weiterentwicklung des anderen freuen und ihn deswegen nicht beneiden oder kritisieren.

Es ist auch nicht so, daß ich sagen kann, ich bin mit dem Universum verbunden, mir kann nichts mehr passieren. Ich bin »oben« angekommen. Auch die Anbindung an die geistige Welt mußt du als einen fortlaufenden Prozeß verstehen. Du lernst immer etwas hinzu. Du wirst einerseits immer freier in deinem Urteilsvermögen, du wirst aber andererseits auch immer demütiger vor den Leistungen deiner Mitmenschen, auch vor deren Leid, was sie zum Teil ertragen müssen, vor ihrem Karma. Unser Bewußtsein hört nie auf, sich zu erweitern. Hast du bestimmte Aufgaben verstanden und hast sie für dich gelöst, bekommst du die nächsten gestellt. Hast du eine neue Stufe auf deiner Erfolgsleiter erklommen, dann willst du doch dort nicht stehen bleiben. Mit einem größeren Wissen, auch mit mehr Geld, kannst du einfach kompliziertere Dinge anpacken und lösen.

Mir fällt noch ein Bild dazu ein. Wir Menschen gehören alle zusammen. Wir alle sind die Menschheit. Du bist ein Krümel aus dem großen Kuchen. Alle Krümel zusammen bilden den Kuchen, den sich jeder vorstellen kann. Aber jeder Krümel schmeckt auch wie der ganze Kuchen. Also bin ich ein ganz wichtiger Teil der Menschheit.

Je besser ich bin, desto besser ist die Menschheit. Klingt natürlich hochtrabend und abgehoben, aber beweise mir mal das Gegenteil. Erst wenn alle Menschen dieser Erde vollkommen sind, haben wir die Glückseeligkeit erreicht. Du merkst, dann ist das nicht mehr unsere jetzige Welt mit all ihren Ungerechtigkeiten, Unvollkommenheit und Grausamkeiten. Auf dem Wege dorthin befinden wir uns aber. Wir – unsere Seelen – sind hier, um zu lernen. Die Seelen lernen auch voneinander, sie tauschen sich aus. Jeder kann von mir etwas lernen. Selbst wenn er alles ablehnt, was ich denke und tue, hat er mich wahrgenommen. Er kann mich annehmen oder ablehnen.

Auch ich kann den anderen annehmen oder ablehnen. Ich habe eine Stufe erreicht, auf der ich mich bemühe, den anderen erst einmal so anzunehmen wie er ist, auch wenn das manchmal schwer fällt. Denke an den streng riechenden Riesen mit seinen großen Pranken! Meine damalige Erkenntnis verstehe ich als Saat, die irgendwann in der vollkommenen Menschheit aufgeht.

Ich kann dir von Menschen berichten, die mich vor Jahren total abgelehnt haben. Heute sagen sie mir freimütig, daß ich in ihnen einen Prozeß ausgelöst habe, den sie selbst nie für möglich gehalten haben. Wenn ich öffentlich auftrete, kommt plötzlich einer auf mich zu, umarmt mich und gibt sich als der große Zweifler zu erkennen, der er vor einigen Jahren war. Er habe das und das Problem gehabt und ich hätte dieses Problem gelöst. Nicht am Tag der Messe, sondern später. Ich habe das Korn in den Menschen gesetzt, später ist es aufgegangen. Ich erhalte den späten Dank.

Auch ich mußte lernen, einfach darauf zu warten, daß der andere mich versteht, mich annimmt. Die Zweifel hatte ich doch früher selbst.

Ein Beispiel: Einer gibt mir ein Kuchenrezept. Ich schiebe den Kuchen in den Backofen, öffne aber immer wieder die Klappe, um nachzusehen, ob er auch aufgeht. Ich wiederhole das so oft, bis der Kuchen die dauernden Temperaturschwankungen nicht mehr verkraftet und in sich zusammenfällt. Hätte ich dem Rezept völlig vertraut, hätte ich Geduld bewiesen, wäre das nicht passiert! So lernt man von Fall zu Fall immer weiter. Nicht nur das Kuchenbacken. Vor allem geht es um die Beziehungen zwischen Menschen oder Menschengruppen, geht es um unser Verhältnis zur Natur, zur Gesellschaft, zu fremden Völkern usw.

Heilung vor Ort – mein Becken steht schief!

Die meisten meiner Heilungen beginnen natürlich nicht als Fernheilungen, sondern »vor Ort«. Das kann mein Behandlungssaal sein, das kann eine Begegnung auf einer Gesundheitsmesse sein oder nach Vorträgen oder Seminaren von mir. Zumeist geht es um Schmerzen: Ich habe Rükkenschmerzen, meine Ellbogen tun weh. Mein Nacken ist steif, ich kann die Knie kaum bewegen, irgend etwas mit meinem Stuhlgang stimmt nicht, der Fersensporn tut weh, ich kann mein Sprunggelenk nur mühsam bewegen. Das sind fast alles orthopädische Sachen, aber eben – so meine Erfahrung – oft seelischen Ursprungs. Sprunggelenk und Seele, das paßt ja wieder, höre ich dich sagen. Nun weiß ich aber, daß gerade der Beckenschiefstand zu erheblichen Verschiebungen im Körper führen kann. Die »unterschiedliche Beinlänge«, wie viele vermuten, ist es dann gar nicht. Wir wissen aber, daß über die Wirbelsäule alle Organe unseres Körpers versorgt werden. Die Wirbelsäule ist so etwas wie der Kabelkanal. Die Computerzentrale ist das Gehirn, die Informationen fließen durch den Rückenmarkskanal hindurch, das Blut kommt über die Blutgefäße bis in jede Muskelfaser und Zelle hinein. Leber, Milz, Magen, Lunge, Herz, Niere, Schilddrüse, Kehlkopf, Blase, Darm, alle Organe werden vom Gehirn aus gesteuert. Es waren Opernsänger bei mir mit großen Stimmproblemen. Die hatten ihre Stimme unendlich viel trainiert, ohne die gewünschte Reinheit in ihre Stimme zu bringen. Das ging auch gar nicht, weil die Stimmbänder verspannt waren.

Bekannt bin ich eigentlich für die Heilung orthopädischer Probleme, doch ich kann auch viele andere Erkrankungen heilen. Um beim Beispiel des Opernsängers zu bleiben. Ich erkläre seine Erkrankung der

Stimmbänder, indem ich unseren Körper mit einem Hausbau vergleiche. Hat ein Haus ein schiefes Fundament, wirst du im Laufe der Jahre viele Probleme damit bekommen.

Der schiefe Turm von Pisa hat immerhin seine Berühmtheit erlangt. Aber der Turm hat keine Muskulatur wie der Körper. In Pisa helfen schwere Betonfundamente, den Turm in seiner Schieflage zu stabilisieren. Hat der Patient einen Beckenschiefstand, »verkürzt« sich scheinbar ein Bein um ein bis vier Zentimeter. Der Körper will aber aufrecht stehen. Also bilden sich Rückenmuskeln so aus, daß sie den Schiefstand der Wirbelsäule ausgleichen. Erst in die eine Richtung, dann wird in die andere Richtung »korrigiert«. Es entsteht eine klassische Skoliose. Am Ende der Verbiegungen muß immer ein gerader Kopf sein, denn nur mit waagerecht angeordneten Augen können wir das Gleichgewicht halten. Klar, daß nach einiger Zeit diese Verkrümmungen nicht nur sichtbar sind, sie verursachen auch Schmerzen, engen unseren Bewegungsspielraum ein, behindern mehr und mehr selbst normale Bewegungen. Ein Großteil aller Menschen leidet an solchen Rückenproblemen.

Stell dir ein 165 Zentimeter langes Brett vor. Das ist die Größe von Antonio Landa. Das Brett ist etwa 30 Zentimeter breit. Wie der Abstand meiner parallel auf dem Boden stehenden Füße. Jetzt schiebe unter eine Seite des Brettes einen Keil. Der erste Keil ist einen Zentimeter dick. Siehst du, wie weit das Brett oben sich zur Seite neigt? Vielleicht kannst du das auch ausrechnen. Und nun schiebe den vier Zentimeter dicken Keil drunter.

Einen solchen Schiefstand des Körpers können die Muskeln kaum ausgleichen. Alles verbiegt sich, Wirbelsäule, Schultern, Nacken. Damit es gar nicht erst zu solchen Problemen kommt, ist Sport angesagt, gesunder Sport. Gehen, Laufen, Gymnastik, Turnen, Schwimmen, Ballspiele. Also Bewegung im weitesten Sinne. Von mir aus auch Fitnesstraining. Habe ich ja selbst angeboten.

Eine Übung nennt sich beispielsweise »Superextension«, sie dient der Aufrichtung des Rückens, indem du deinen Oberkörper gegen ein Gewicht aufzurichten versuchst. Damit wird der Rückenstrecker gekräftigt. Heute bin ich mir ziemlich sicher, daß das so gesund nicht hat sein können, denn das Trainingsgerät gibt eine gerade Achse vor, die Leute kamen aber schon krumm in mein Studio. Irgendwann habe ich dann dem ersten geholfen, indem ich die Beinlänge korrigierte. Komisch war das für den im ersten Moment, denn er dachte nun, er stehe schief! So sehr hatte er sich an seinen wirklichen Schiefstand schon gewöhnt. Diese meine erste Beinlängenkorrektur war schon bemerkenswert.

Ich weiß nicht mehr, wie es bei ihm zu diesem Zustand gekommen war. Jedenfalls betrug der Unterschied ganze acht Zentimeter! Er legte sich auf den Rücken, ich nahm seine Fersen in meine Hände, konzentrierte mich und nach fünf oder sechs Minuten sagte er zu mir, daß er etwas gespürt habe.

Du mußt dir vorstellen, bei einem so enormen Schiefstand sind auch die Lungen eingeklemmt. Er konnte auf einmal freier atmen. Als er mir dieses Feedback gab, merkte ich auch, daß sich das Bein bewegte.

Damals dachte ich noch, er verändere einfach seine Körperhaltung. Aber er hatte sich gar nicht bewegt, er hat nur mit mir geredet. Während unserer Unterhaltung, die vielleicht zwanzig Minuten gedauert hatte, »verlängerte« sich das Bein um siebeneinhalb Zentimeter, das Becken hatte sich entspannt! Die Korrektur war fast hundertprozentig!

Das wollte ich natürlich wiederholen, Kandidaten gab es in meinem Studio genug. Es funktionierte immer wieder. Dabei habe ich eigentlich »nichts gemacht«. In der Tat wußte ich damals nichts von einer Anbindung an die geistige Welt. Ich wollte nur helfen und ich habe geholfen. Vielleicht gewährte die geistige Welt mir damals einen »Kredit«, weil sie auf mich baute, ich weiß es nicht. Das physiologische Ergebnis war jedenfalls immer die Auflösung der Verspannung der Beckenmuskulatur, die ja fast krampfartige Formen angenommen hatte. Heute weiß ich, daß dieser Beckenschiefstand vererbbar ist. Ärzte fragten mich, warum ich mich auf dieses schmale Gleis begebe. Ich konnte ihnen aber auf den Röntgenbildern zeigen, daß bei diesen Beckenschiefständen die Wirbel fast nie verformt waren. Die Frage für mich war also, warum zieht die Muskulatur das Becken so schief? Warum bemerken wir das nicht oder erst so spät? Warum hatte das schon die Mutter?

Im Verlaufe meiner eigenen Entwicklung kam ich zu der Erkenntnis, daß hier karmische Fragen eine Rolle spielen. Ich wiederhole gern, was ich hierüber erfahren habe. Jedes Kind wird als völlig intaktes Wesen geboren: Rein, mit allen Sinnen für Wahrheit und Gerechtigkeit und Freundlichkeit und Liebe. Im Verlaufe seines Lebens wird es zurechtgebogen. Die Sprache verrät hier eigentlich den grausamen Vorgang. Das Kind wird gebogen, verbogen im Sinne der Erwachsenen. Man zerrt an dem Kind, bis es in unsere Welt hineinpaßt. Bis es nicht mehr aneckt, auffällt. Bei Erwachsenen sagt man dann zum Beispiel, er verändere seinen Standpunkt. Politiker absolvieren dafür eine Universität: Sie wechseln ihren Standpunkt plötzlich und natürlich häufig, oft unbemerkt. Immer ist das zu ihrem Vorteil. Sie bekommen ein Amt dafür oder sie behalten es. Wenn es sein muß, wechseln sie sogar die politische Partei. Man spricht auch davon, daß ein Mensch nicht zu sich stehen konnte. Auf deutsch: Er verleugnet sich, verbiegt die Wahrheit, hält den Druck nicht aus.

Wenn ich vorhin sagte, daß das Neugeborene der vollkommene Mensch ist, stimmt das zwar, dennoch kann er von seiner Mutter den von mir erwähnten Beckenschiefstand geerbt haben. Denn auch die Mutter und deren Mutter wurden gebeugt: Von der Heuchelei in der Kirche, in der Gesellschaft, der Familie, im Beruf, überall. Nun komme ich und beseitige den Beckenschiefstand in ganz kurzer Zeit. Der Mensch erlebt etwas Einmaliges. Er kann es gar nicht fassen. Nicht jeder ist bereit, anderen davon zu erzählen. Es ist ja auch ganz ungewöhnlich. Die Mehrheit aber begreift mit der Zeit, daß es Dinge zwischen Himmel und Erde gibt, daß es Chancen gibt, die man nicht verstreichen lassen sollte. Und tatsächlich verändern diese Leute ihr Bewußtsein und damit ihr Leben. Sie gesunden an Leib und Seele. Sie werden bessere Menschen, benehmen sich liebevoller, rücksichtsvoller, toleranter. Sie heben damit ein Stückchen das Bewußtsein der Menschheit! Nicht mehr, aber auch nicht weniger. Von ihrem zukünftigen Verhalten hängt es ab, ob die Verbesserung ihres Gesundheitszustandes von Dauer ist oder nicht.

Du mußt dir noch einmal vor Augen halten, was hier bei mir passiert ist. Ich helfe in Minuten, Verspannungen meist für immer zu lösen, die Physiotherapeuten in Jahren nur schrittchenweise oder temporär lösen konnten. Ich verhelfe meinen Patienten in die göttliche Ordnung zu kommen, das heißt in den Normalzustand! Ich arbeite mit meinem Geist, mit meinen Helfern aus der geistigen Welt. Ich berühre die Patienten mitunter nicht einmal, ich stehe einen Meter von ihnen entfernt. Wer soll das schon verstehen. Aber ist das nicht phantastisch, was wir hier für eine Möglichkeit haben? Auch das wiederhole ich gern: Wir kommen langsam in die Zeit, in der eine spürbare Anhebung des Bewußtseins weltweit einsetzt. Jeder kann sich daran beteiligen, alte Denkstrukturen zu verändern, Verhaltensmuster zu überprüfen. Wir können unsere alten, dramatischen Entwicklungen zu einem positiven Ende bringen. Ich entwickle mich zu einer selbstbestimmten Person, die sich nicht mehr biegen läßt.

Ganz wichtig ist für mich, daß du begreifst, du gehörst zu diesen Menschen, weil alle Menschen einzigartige Fähigkeiten besitzen, auch die kleinen und »schwachen«. Jeder einzelne Mensch ist eine Ausnahmeerscheinung, jeder ist großartig, jeder hat unglaubliche Fähigkeiten. Fördere du deine zutage! Verwende mehr Zeit dafür herauszufinden, wo deine besonderen Fähigkeiten liegen, Fähigkeiten, mit denen du anderen helfen kannst, Fähigkeiten, die dich in den Augen anderer liebenswürdiger machen, begehrenswerter. Das mit Schminke und Klamotten zu versuchen, wird letztlich nicht zum Ziel führen. Das muß von innen kommen, dann ist es auch dauerhaft, weil es wahrhaftig ist.

Die Engelwesenheit Krayon und das Wendejahr 1989

Seit 1989 channelt der Amerikaner Lee Carol mit Krayon, einer »Gestalt« aus der geistigen Welt. Es gibt Veröffentlichungen darüber, was die beiden, der Mensch und die Engelwesenheit miteinander zu tun haben. Das Wort Engelwesenheit hat man wohl erfunden, da wir Menschen eben nichts Vergleichbares auf unserem Planeten kennen. Krayon ist – grob gesagt – der Versuch, aus Klängen, Licht, Schwingungen, Farben, Vibrationen, Gefühlen und Liebe einen Namen zu kreieren, der übersetzt in unsere einfache menschliche Sprache eben Krayon heißt! Dazu – mußt du dir vorstellen – kommt er auf einem kupferfarbenen Strahl in unser Bewußtsein. Ja, besser kann ich diese wunderbare Engelwesenheit im Moment nicht übersetzen.

Der herkömmliche Engel spukt ja vor allem durch Kinderköpfe. Deshalb verkleiden sich Mädchen sehr gern als kleine süße Engel mit durchsichtigen Flügeln auf dem Rücken. Wir kennen auch die Erzengelgestalten aus der Bibel. Das sind sehr mächtige Engel im Himmelreich. Dann wünscht sich jeder von uns einen eigenen Schutzengel. Und viele von uns behaupten ja, einen zu haben, ich auch, siehe erstes Kapitel dieses Buches.

Krayon nun hat unserer Welt offenbar etwas mitzuteilen, was von Bedeutung ist und Krayon benutzt jetzt, am Anfang seines Wirkens, halt den Amerikaner Lee Carol dazu.

Im Jahr 2012 läuft bekanntermaßen der Maya-Kalender aus. Viele denken daher, daß sich bis dahin die energetische Situation der Erde möglicherweise dramatisch verändern wird, auch der Bewußtseinszustand der Menschheit. In der Tat befassen sich immer mehr Menschen mit Fragen des Bewußtseins, fragen nach ihrer eigenen Spiritualität, hinterfragen das menschliche Zusammenleben, das heute noch von starren Dogmen geprägt ist.

Als Krayon 1989 »auftrat«, veränderte sich ja gerade Europa in einer nicht geahnten Weise. Nach Veränderungen in Polen und Ungarn, nach Glasnost und Perestroika in der Sowjetunion, fiel am 9. November die Mauer in Berlin. Die Machtverhältnisse in Europa und in der Welt sortierten sich neu. Europas Nationen zumindest rückten einander näher, Grenzen fielen, die meisten europäischen Länder benutzen den Euro als einheitliches Zahlungsmittel. Jeder von uns weiß, welche Umwälzung das war und noch ist. Ich will hier gar nicht nach Plus und Minus bewerten.

Von der Öffentlichkeit fast unbemerkt wurde 1989 das bis dahin nur in asiatischen Ländern angewendete Reiki-System, über das ich in diesem Buch ja schon gesprochen habe, für die übrige Welt verfügbar gemacht. Seltsamerweise von der Nichte der ersten Japanerin, namens Hawaio, die sich Reiki aneignete.

Denn seit der Wiederentdeckung dieses Systems durch den Japaner Ussui um 1900 war es nur Männern gestattet, sich damit zu befassen. Und der Zirkel der Eingeweihten blieb klein. So ist es nicht verwunderlich, daß in Japan selbst Reiki heute weniger bekannt ist als in anderen Ländern. Denn außerhalb Asiens erkannte man sehr schnell, daß Reiki – um seine volle Wirkung zu erzielen – für jedermann da sein muß.

Ihr wißt also, daß Reiki seit 1989 seinen Siegeszug, so will ich mal sagen, um die Welt antrat und, wenigstens hier in Deutschland, in den Anfängen besonders von vielen Frauen in Anspruch genommen wurde.

Heute sind die Männer fast auf Augenhöhe mit den Frauen. Es geht um Bewußtseinserweiterung und um energetische Fragen. Naturgemäß traten auch bei Reiki die großen Kritiker und Warner auf. Sie sprechen vom falschen Anzapfen kosmischer Energie usw. Das sind Leute, die die Wirkung von Reiki für die Bewußtseinserweiterung der Menschheit schon erkannten, selbst aber zu spät gekommen waren, um beim Geldverdienen ein Wort mitreden zu können. Mit ihrer »Kritik« vergessen sie, daß mit Reiki für alle der größte Schritt bei der Bewußtseinsentwicklung gemacht wurde.

Mir selbst ist es egal, wenn von einigen das System durch immer mehr Meistergrade »erweitert« wird. Willst du also die neuesten »Geheimnisse« erfahren, dann komme mit deinem Geldbeutel zu mir, sagen diese Leute. Ich finde, das ist Quatsch. Alle Geheimnisse dieser Welt liegen in dir selbst, Du selbst bist dein Meister. Lerne, deine in dir schlummernden Fähigkeiten hervorzuholen.

Und bitte glaube doch nicht alles, was so geredet wird. Zur Zeit tauchen wieder »Meister« auf, die »von Gott geschickt« wurden und die als einzige etwas können. Komischerweise sind sie nur in der Lage, für viel Geld ihr »Wissen« weiterzugeben. Nur sie dürfen Einweihungen vornehmen und viel Geld dafür verlangen. Sie machen sogar »Urheberrechte« geltend. Gott vergibt keine Lizenzen, mein Lieber! Oder hast du an einem Kreuz schon einmal ein »Copyright« gesehen? Plagen dich immer noch keine Zweifel? Gott leidet doch nicht an Gedächtnisschwund! Er sagte: »Ihr werdet die, die an mich glauben, daran erkennen, daß die, denen sie die Hände auflegen, geheilt werden!« Damit bist du gemeint! Gewiß brauchst du dafür einen Lehrer, aber keinen, der dich blöd und abhängig macht.

Sind viele von uns in der Lage, sich für sich zu entscheiden, nimmt das Gesamtbewußtsein eine andere Dimension an. Ich selbst weiß nicht, wie das einmal aussehen wird, aber ich spüre den Wandel. Ich freue mich für jeden, der sich in die Lage versetzt, bestimmte Prozesse zu seinem Erfolg zu führen. Mit solchen Prozessen meine ich berufliche Abschnitte, die Veränderung der Wohnsituation, zwischenmenschliche Entscheidungen. Ich kenne sehr viele Menschen, die sich verändern und die dadurch ein neues Wohlbefinden für sich schaffen. Ich beobachte aber auch welche, die starr auf der Stelle stehenbleiben.

Ich vergleiche sie mal – verzeih mir – mit einer Fliege, die sich auf einem großen Fernsehbildschirm niederläßt. Was sieht die Fliege? Einen bunten Punkt. Mal rot, mal grün. Sie hat keine Vorstellung von dem gesamten Bild. Erst, wenn du bereit bist, alle Punkte zu einem Gesamten zu vereinen, erkennst du die Schönheit des Lebens. Dazu mußt du dich aber bewegen. Nicht nur räumlich, auch geistig. Du mußt immer neue Informationen aufnehmen, Neues lernen, auch Risiken eingehen.

Ich erzähle dir noch etwas aus meinem eigenen Leben. Ein Beispiel, wie Träume oder Wünsche zu Realität werden können, wenn man bestimmte Informationen erhält und diese richtig kombiniert. Claudia und ich haben schon immer einen Bezug zum Wasser. Wir machen schon immer Campingurlaub in Wassernähe: Fluß, See, Meer. Am liebsten wollten wir ganz von Wasser umgeben sein. 2007 haben wir uns diesen Wunsch erfüllt. Mit einem Motorkajütboot eines Freundes befuhren wir die Mecklenburger Seenplatte. Diese Landschaft – ein Traum! Diese Ruhe – unbeschreiblich! Dieses morgendliche Erwachen auf der Mitte des sonnenüberfluteten Sees – schöner kann man den Tag nicht beginnen! Aber so ein Boot – unbezahlbar! Außerdem hat man ja nur wenige

Wochen Urlaub. Also aus der Traum vom eigenen Boot. Und da hörte ich von einem knorrigen Hafenmeister, der unser Boot betreute, daß er keineswegs alle im Hafen liegenden Boote besaß. Die gehörten anderen Leuten. Er vermietete und wartete die Boote für die Besitzer, vor allem aber auch für sich. Und mit diesem Wissen rückt der Traum vom eigenen Boot der Realität ein ganzes Stück näher. Verstehst du derartige Zusammenhänge? Dieser Hafenmeister war wirklich nicht der sympathischste Mensch. Aber genau der gab mir eine entscheidende Information!

Unseren Wohnwagen haben wir schon mal verkauft. Mal sehen, was aus unserem Bootstraum wird.

Die angsterfüllte Dame und das Bein

Ein Teil meines Heilerlebens spielt sich auf Gesundheitsmessen ab, In der Regel werden solche Messen gut besucht und ich komme dort – quasi in aller Öffentlichkeit – mit Menschen zusammen, die gesundheitliche Probleme haben und auch meine Hilfe in Anspruch nehmen möchten. Andere trauen sich nicht und schauen nur zu. Ich biete mein Wissen für einen geringen Betrag an, damit sich auch die Zuschauer überzeugen können.

Die erste Geschichte. »Lebensfreudemesse« 2003 in Saarbrücken. Eine Dame trat an meinen Stand. In ihrem Gefolge einige Freundinnen. Alle hatten Probleme mit Schmerzen im Rücken, im Nacken, im Lendenwirbelbereich, am Steißbein. Das hieß: Beinlängenkorrektur. Alle waren gut drauf. Eine nach der anderen legte sich auf meine Liege. Nach ein bis zwei Minuten stand die eine auf, die andere legte sich hin. Die Stimmung und die Begeisterung nahmen zu.

Es ist immer das Gleiche. Sie kommen mit Schmerzen, ich behandle sie, die Schmerzen sind weg oder stark reduziert und keiner glaubt zunächst, daß ich das vollbracht habe, daß ich der Kanal war, der die Heilung bringen konnte. Und vor allem in aller Öffentlichkeit auf einer Messe, wo jedermann Zutritt hat. Schließlich glaubten sie es aber doch. Die Schmerzen waren beseitigt. Es lebe der Heiler!

Nur eine Dame stand traurig dabei. Ich sprach sie an und sie vertraute mir schließlich an, daß nach einem Schlaganfall vor zwei Jahren eines ihrer Beine ohne Gefühl sei. Ärzte hatten ihr gesagt, daß keinesfalls physische Behandlungen für dieses Bein in Frage kommen dürften, der Zustand könne sich nur weiter verschlechtern. Ich versicherte ihr, sie bei meiner Behandlung nicht zu berühren. Ein Versuch sei es doch wert! Ich sagte ihr auch, daß ich nicht weiß, was passieren wird. Ich weiß es wirklich nie, denn nicht ich bestimme, was mit den Menschen geschieht. Ihre Freundinnen redeten ihr zu, es doch nur zu probieren.

Sie legte sich also hin, ich konzentrierte mich und nach zwei Minuten fragte ich sie, wie es ihr ginge. Sie war ganz still und fing plötzlich an zu weinen. Ich bekam einen Riesenschreck, mir ging furchtbar die Muffe. O Gott, dachte ich, was ist hier geschehen? Sie heulte bitterlich und sagte kein Wort. Nach ein, zwei Minuten hatte sie sich beruhigt, strahlte mich auf einmal an und sagte: »Das kann nicht sein! Ich fühle mein Bein!« Sie spürte ihr Bein bis in den kleinen Zeh. Die Ärzte hatten ihr gesagt, daß ihr Gefühl nie mehr wiederkommen würde! Und jetzt war das Gefühl doch wieder da, deshalb ihre Erschütterung. Die Freundinnen waren mit ihr glücklich, man spürte geradezu, wie die Energie dieser Frauen explodierte. Keine Frage, daß die Mädels dann einen trinken gingen. Über einen langen Zeitraum hat diese geheilte Dame mir die Treue gehalten, kam jedes Mal zur Messe und brachte immer einen Schwung Menschen mit, die sich mir anvertrauten.

Ganz klar, eine bessere Werbung für meine Kunst gibt es ja auch nicht. Bis heute bin ich dieser Frau gegenüber voller Dankbarkeit. Ich wußte am Tag ihrer Heilung nicht, ob das geschehen könnte. Ich war nur voller Gottvertrauen. Ich war der Kanal und was geschehen sollte, würde geschehen. Und das habe ich dir hier erzählt.

Auch Gothics haben Rückenschmerzen

Gesundheitsmesse in Dresden. Nach der Mittagspause ging ich mit meinem Freund Max auf meinen Stand zu und wunderte mich über die große Menschenschlange davor. Unter den Wartenden eine vielleicht zehnköpfige Gruppe von schwarz gestylten jungen Leuten. Mich fesselte sofort eine wunderschöne Frau: Sie stand auf Schuhen mit zwanzig Zentimeter dicken Sohlen. Ihre Figur war auffallend gut proportioniert. Sie war in glänzendes Latex gehüllt. Ihre pechschwarzen Haare thronten etwa sechzig Zentimeter hoch auf ihrem Kopf mit dem weiß geschminkten Gesicht. Ihr Mund war knallrot angemalt. Ihre Wimpern waren sehr lang, sehr schwarz, sehr schön. Sie kam mir vor wie eine Königin. Auch ihre Begleiter waren auffällig korrekt angezogen und geschminkt. Die übrigen Wartenden hatten die Gothics ebenfalls im Auge. Alle waren gespannt, ob der Landa auch diese schwarzen Vögel behandeln würde. Die Wartenden – das hatte ich mitbekommen – hatten meine Liege in der Mittagspause hochkant gestellt und nach Magneten oder anderen Hilfsmitteln gesucht.

Wie sollte es weitergehen? War der erste in der Schlange dran oder die »Königin« der Gothics? Die anderen fanden die Schwarzgekleideten offenbar nicht sehr sympathisch, ich schon. Also sagte ich ungefragt zu den »Non-Gothics«: »Hallo, bei diesen jungen Leuten weiß ich wenigstens, woran ich bin, sie zeigen offen, was sie denken. Bei euch weiß ich das nicht so genau!« Irgendwie entwickelte sich das so, daß der »Königin« Platz gemacht wurde. Sie schritt mit ihren Monsterschuhen auf mich und meine Liege zu und ich erkannte sofort, daß ein Bein verkürzt war, obwohl eine Sohle schon einige Zentimeter dünner war als die andere. Also haben auch Gothics, die ihren Idealvorstellungen aus der Zeit der Romantik nahe kommen wollen, Rückenschmerzen! Ich behandelte also als erstes die »Königin«. Unter Quietschen und Geräuschen, die an das Öffnen eines Reißverschlusses erinnerten, placierte sie sich auf meiner kunstlederbezogenen Liege. Sie schloß die Augen. Ich bat sie, mir zu sagen, was sie spürt. Sie fing an zu stöhnen. Sie spürte offenbar die Arbeit ihrer Muskeln, des Stützapparates. Mit jedem Stöhnen und Bemerkungen wie »Das gibt's doch nicht!«, arbeitete sie die Verletzungen auf, die sie sich im Verlaufe der Jahre seelisch zugezogen hatte. Nach zwei Minuten machte sie ihre Augen auf, in denen Tränen standen, und sah mich ganz verliebt an. »Es war so schön, Herr Landa, so hell!« Als sie sich dann mit den gleichen Geräuschen wieder in ihrer ganzen Schönheit und Körpergröße von der Liege schälte, konnten alle sehen, daß es ihr besser ging. Ihre Schultern waren nicht mehr verkrampft. Trotz ihrer hohen Schuhe stand sie da wie in Beton gegossen, ein Anblick zum Verlieben! Ein anderer aus der Gruppe mit der Vorzeigefigur eines trainierten Sportlers – war er ihr »König«? – kam als nächster dran. Mit ihm wie den anderen hatte ich angenehme, kluge Gespräche.

Ich behandelte eine Gruppe sehr intelligenter junger Menschen, die ihren Weg in einer Gesellschaft suchen, die sie offensichtlich nicht versteht. Am Ende konnte ich mir nicht verkneifen, ihnen zu sagen, weshalb sie wohl so extreme Rückenprobleme hätten. »Ihr schleppt nachts zu viele Grabsteine mit euch herum!« Sie lachten und sagten nur, daß sie das gern den »Grufties« überließen.

Auch die Gothics arbeiten an der Veränderung des Bewußtseins mit, das ist mir klar. Zum Messeschluß kamen sie alle noch einmal zu mir, um sich zu bedanken und mit dem Versprechen, mich wiederzusehen.

Wenn du aus dieser Geschichte gelernt hast, daß wir uns von Äußerlichkeiten nicht täuschen lassen sollten, dann wirst du in deinem Leben viel weniger Fehler machen.

Fleischermeisters Heilungsreportage

Er wird mir das nicht übel nehmen, der Fleischermeister vom Lande, der mich am Ende der Messe vor allen Leuten abknutschte! Er ging nicht auf meinen Messestand zu, er schlurfte nicht daher, er hinkte nicht einfach oder stakste wie ein Spastiker – er näherte sich mir etwa wie der Glöckner von Notre-Dame, gespielt von Lawrence Olivier! Da kam etwas auf mich zu, krumm, fast auf allen Vieren kriechend. Nur sein Gesicht sah normal aus, wenn auch von dauernden Schmerzen gekennzeichnet. Fast hatte ich den Eindruck, seine Frau führe ihn an einer Leine geradewegs zur Stelle der Exekution.

Wer kam da? Ein Fleischermeister vom flachen Lande, der seit Lebzeiten Schweinehälften vom Kühlwagen in seine Schlachterei geschleppt hatte, um sie dort fachgerecht zu zerteilen. Sein Stützapparat hatte sich über die Jahre auf diese Arbeit eingestellt, es schien ihm also nichts auszumachen, sechzig bis hundert Kilo schwere Schweinehälften auf seiner Schulter zu tragen. Dreißig Jahre war das gut gegangen, dann gab es einen Stich und er konnte sich nicht mehr aufrichten. Spritzen der Ärzte halfen immer nur eine kurze Zeit.

Dann beginnt die Raterei, wer kann da helfen? Über drei Ecken landen Suchende auch bei Antonio Landa! Nun kannst du dir vorstellen, daß ein Metzgermeister vom Lande zwar vorzügliche Wurst macht, aber wenig von solchen Dingen hält, wie ich sie betreibe. Entsprechend groß seine Abneigung, sein Unglaube, daß gerade ich ihm helfen könnte. Ich schlug ihm vor, es doch einfach mal zu versuchen. Wie eine neue Wurstsorte! Ich würde ihn auch nicht berühren, weil ihm das Schmerzen bereitete. Er legte sich vor den Augen aller Messebesucher mit Hilfe von drei Personen stöhnend auf meine Liege. Sein Körper wies einen Winkel von fast 90 Grad auf. Er konnte die Beine nicht ausstrecken. Meiner Bitte, seine Augen zu schließen, kam er nicht nach. Er wolle alles unter Kontrolle behalten. Auch gut.

Ich stellte mich also einen knappen Meter hinter das Fußende der Liege und versuchte, sofort in den Fluß zu kommen. Ich hielt meine Augen geschlossen und hörte ihn die ganze Zeit reden: »Sie fassen mich ja doch an! Was machen Sie denn mit mir, Sie bewegen ja alles, passen Sie auf!«. Ich wollte mir den »Reporter« seiner Heilung mal anschauen und öffnete die Augen. Er lag so verkrümmt da, daß er wirklich nicht sehen konnte, ob ich ihn berührte oder nicht. Er schilderte seine Empfindungen immer weiter, wandte sich auch an seine Frau: »Du hast mir doch gesagt, der faßt mich nicht an und jetzt zieht er an meinem Bein!«. – »Was redest Du denn«, antwortete ihm seine Frau, »der steht einen Meter weg von der Liege!« – »Aber ich merke doch, daß er mich anfaßt, auch wenn es nicht gerade weh tut«. Ich freute mich sehr, daß er vor den Ohren anderer Messebesucher schilderte, daß die Energie genau dort landete, wo sie hinsollte: an die schmerzenden Stellen. Nach zwei Minuten forderte ich ihn auf, sich aufzurichten und hinzustellen. »Wieso denn schon jetzt, ich spüre noch das Gleiche wie vorhin!« Dennoch tat er, was ich verlangte. Sein Begleitkommentar: »Es hat sich überhaupt nichts verändert!«. Der Fleischermeister befand sich noch in seinem alten Gefühl. Als er dann saß, streckten sich seine Beine und er konnte ganz normal ohne Hilfe aufstehen. Ihm war ganz schwindlig, klar, denn bei ihm hatte sich ja etwas Enormes getan: Er stand jetzt fast kerzengerade an der Liege. Auch klar, er wollte die Veränderung nicht wahrhaben. »Na, warten Sie mal ab, in fünf Minuten bin ich wieder krumm!«

Er sollte noch ein wenig über die Messe spazieren und viel Wasser trinken. Wenn irgendwas passierte, sollte er sofort wiederkommen und ich würde mir das anschauen. Aus den Augenwinkeln beobachtete ich dann, wie seine Bewegungen immer leichter, lockerer und harmonischer wurden. Er gewann offensichtlich Zutrauen zu seinem neuen (alten) Zustand. Nach einer Stunde etwa kam er freudestrahlend auf mich zu, umarmte und knutschte mich und gab mir 50 Euro extra. »Dat ist Dein Trinkjeld, Jung, mir jeht et besser als vor der Verletzung, ob Du mich nun anjefaßt hast oder nich. Nee, dat mir dat vajönnt is, dat is een Wunder!« Die Frau des Fleischermeisters war auch sehr zufrieden und glücklich, denn sie hatte jetzt keinen Nörgelhannes mehr an der Backe.

Als späten Dank schickte er mir nach und nach seine ganze Verwandtschaft vorbei. Sie machte die Reise nach Köln, um von dem Kerl behandelt zu werden, der ein kleines Wunder vollbracht hatte, wie sie meinten. Und der Fleischermeister blühte richtig auf, endlich war das Glück einmal bei ihm angekommen, endlich hatte er einmal etwas besonderes zu erzählen, endlich konnte er den anderen mal einen heißen Tip geben! Solche Erlebnisse machen auch mich glücklich, denn sie sind für die Menschen nicht alltäglich. Doch es gibt noch Steigerungen, wie du gleich lesen wirst.

Wutspeicher Leber – Ein Drachen wird zur lieben Frau!

Auch diese Geschichte beginnt auf einer Messe, eine eher unspektakuläre Geschichte. Ich helfe einer Frau, ihre Rücken- und Schulterschmerzen wegzubekommen. Etliche Zeit später erscheint sie wieder bei mir, diesmal in Begleitung einer älteren Frau. Und damit beginnt eine der spektakulärsten Geschichten, die ich je erlebt habe.

Wie sich herausstellt, ist es ihre Mutter. Dann der kleine Schocker, ob ich denn auch »richtige Erkrankungen« behandeln könnte. »Hallo«, sage ich, »ihre Schmerzen trugen sie doch auch jahrelang mit sich herum und keiner konnte ihnen helfen!« – »Weiß ich ja auch«, beschwichtigt sie mich. Ihre Mutter jedenfalls habe einen Lebertumor, bitte helfen sie, Herr Landa! Der Tumor war schon sehr groß, der wog gut drei Kilogramm! Er war deutlich schon nach außen gestellt. »Gut«, sage ich, »wir sollten es probieren, man weiß ja nie, was der Auslöser ist!«

Die Mutter war überhaupt nicht begeistert davon. Sie war ein sehr knöttriger Mensch, verhärmte Physiognomie, bei der Erkrankung kann man allerdings schon so daherkommen.

Die Leber ist ja das sogenannte Wutorgan. Alles, was uns erregt, alles, was wir nicht aussprechen können oder wollen, stopfen wir gewissermaßen in unsere Leber hinein. Diese Leberprobleme weisen dich darauf hin, daß du dich in der falschen Haltung befindest. Anstatt zu versuchen, Situationen und Menschen zu verstehen, urteilst du lieber vorschnell, um Recht zu haben. Die Leber möchte dir eigentlich nur eine Information geben: Handle nicht immer so voreilig. Schau dir die Situation genau an, um zu verstehen, warum bestimmte Dinge so sind, wie sie sind.

Die Mutter stellte sich ausgesprochen passiv neben mich, machte einen unversöhnlichen Eindruck, obwohl ich ja nun nichts zu ihrer Erkrankung beigetragen hatte. Sie sollte doch ihrer Tochter den Gefallen tun. Wir sollten einfach anfangen, zumal ich wirklich nicht wußte, was dabei herauskommen könnte. Ich würde meine Arbeit machen und die Dinge, die notwendig sind, auch tun, und dann würden wir mal sehen. Sie nörgelte erst an der Liege herum und fand dann, daß das Kissen nicht weich genug sei, das Licht zu hell, die Liege zu hart, die Polster an der falschen Stelle, die Musik zu laut. Alles war falsch!

So waren wir während der Behandlung immer in einem unangenehmen Gespräch. Ich holte alle Kissen und Rollen und Keile hervor, sie war nie zufrieden, war ständig mit sich selbst beschäftigt. Dennoch gelang es mir, ihr zu sagen, daß die Leber halt negative Lebenssituationen in sich speichert und ich fragte nach entsprechenden Situationen. »Junger Mann,« sagte sie,»wo leben Sie denn? Ich konnte mir die Situation doch nicht aussuchen, das Leben ist nun mal grausam!«. Als ihre Tochter sie ein wenig mäßigen wollte, fuhr sie ihr über den Mund, was der Tochter wiederum peinlich war. So ging das die ganze Zeit. Eine unmögliche Person.

Durch das ewige Palaver hatte ich die Zeit ganz vergessen und sagte deshalb ziemlich abrupt: »So, liebe Frau, die Behandlungszeit ist um!« – »Aber wieso, Sie haben doch noch gar nichts unternommen!«. Offenbar hatte sie erwartet, daß ich mit Hammer und Meißel massiv an ihrem Körper arbeiten würde.

Ein Geistheiler arbeitet mit Energie, nicht mit Skalpell oder Spritzbesteck! Und dann verlangte ich auch noch das vereinbarte Honorar! Das war für sie die Höhe. Der Tochter war das peinlich, zumal die alte Dame zum Schluß auch noch die einfache Einrichtung des Raumes kritisierte. (Womit bisher noch keiner Probleme hatte.) Meine Bemerkung, sie solle mal abwarten, da sei mehr geschehen, als sie dächte, hörte wahrscheinlich nur noch ihre Tochter, die sich bei mir noch für ihre Mutter entschuldigte.

Ich hatte zwar gesagt: »Machen Sie sich keinen Kopf, es ist mehr passiert, als Sie sich vorstellen können!«: Aber das Gleiche hätte ich auch tröstend zu mir sagen können, denn ich wußte es natürlich nicht. Man muß ja nicht immer alles ergründen, dachte ich mir noch. Und wenn ich der Frau so gar nicht zugesagt habe, dann würde ich sie ja auch nicht wiedersehen.

Weit gefehlt! Etwa zwei Monate später rief die Mutter selbst an. Ich erkannte sofort ihre Stimme, die diesmal aber nicht so knörrig klang, sondern viel angenehmer. Sie wisse zwar nicht, was ich mit ihr gemacht habe, wolle aber noch einen Termin haben. So geschah es. Die Tochter sollte wieder Schützenhilfe leisten.

Diesmal fand die Frau meine Liege prima. Was ist geschehen? Die Frau fing sogar an, mit mir zu plaudern. Sie hatte in der Zwischenzeit realisiert, daß der letzte Termin mit ihr eine Stunde gedauert hatte, was die Bezahlung schon rechtfertigte und im Übrigen hätte ich Probleme angesprochen, die sie noch einmal mit mir besprechen wolle. Ob das mit dem Ärger und der Leber stimme und ob sie selbst zumindest einen Teil der Erkrankung selbst mit verursacht habe. Ich bestätigte ihr das. »Der liebe Gott macht keinen krank!« Der liebe Gott gibt uns jede Freiheit, sich so oder so zu verhalten. Und er verbindet das nicht mit einem Aber und zehntausend Einschränkungen! Im Verlaufe unserer Unterhaltung schien sie langsam zu begreifen, daß unser ganzes Leben ein

Prozeß ist, in den man sehr gut aktiv eingreifen kann, auch wenn man Prägungen, Gene, Erziehung usw. mit auf den Weg bekommt.

Und siehe da, sie räumte ein, ihre furchtbare Mutter habe ihre reine Kinderseele sehr schnell tief verletzt. Bis heute komme ihr das wie ein Kriegszustand vor, obwohl ihre Mutter schon einige Zeit tot war.

»Sie nehmen mir meine Arbeit ab, Sie reden gerade über ihren Tumor«, sagte ich, was sie natürlich erstaunte. Hatte sie in den Jahren der Bedrängnis immer schon mit Schmerzen in der rechten Bauchhälfte zu tun gehabt, die sie sich irgendwie erklärte, begann nach dem Tod ihrer Mutter der Tumor zu wachsen. Sie hatte den »Krieg« mit ihrer Mutter nicht in einen Frieden wandeln können. Beide hatten versäumt, sich ihren Ärger »von der Leber zu reden«. Schlimm auch, sie benahm sich fortan selbst wie ihre Mutter, verhärtete noch mehr, schuf sich ihr neues dramatisches Karma.

Stell dir vor, was ich der Frau zumutete, als ich ihr klar machte, daß der Tumor ein Teil von ihr sei, daß sie ihn mit weiterem Groll sogar noch versorge. Sie solle besser einfach mal mit ihm reden, riet ich ihr. »Dann werde ich bald in die Klapse eingeliefert!« war ihre Antwort, aber der Angelhaken der Erkenntnis hatte sie offenbar schon erreicht.

Etwa nach einem Monat erzählte sie mir von ihrem ersten »Gespräch« mit ihrer Leber, die sich zu bewegen schien und sehr warm geworden war. Bei ihrem nächsten Besuch bei mir – sie hatte ihre Tochter in einer Caféteria abgesetzt – erzählte sie mir dann, was ihr in den letzten Wochen alles durch den Kopf gegangen war. Sie hatte auf einmal zum Beispiel den starken Wunsch gehabt, Fotoalben aus ihrer Kindheit anzusehen, alte Briefe zu lesen. Nach und nach hatte sie erkannt, in welchem Gefüge auch ihre Mutter in den Kriegs- und Nachkriegswirren gesteckt hatte und eigentlich noch schlimmer dran gewesen war, als sie selbst.

Zum erstenmal weinte sie um ihre Mutter, betete für ihr Seelenheil, versprach ihr, sie im Himmel zu treffen. Beim Tod der verhaßten Mutter war das sicher nicht ihr Wunsch gewesen. Bei diesem dritten Gespräch berichtete sie mir auch, daß sich der Tumor irgendwie weicher anfühlte und nicht mehr unbedingt wie ein Fremdkörper.

Weitere zwei Monate später berichtete sie mir von einer Gewichtsabnahme von drei Pfund: »Der Tumor ist kleiner geworden!«. Auch ihr »Freundeskreis«. Ihre Verwandten kämen nicht mehr, nachdem sie denen klar gemacht hätte, daß sie nur dem Erbe hinterher wären. Alte Freunde, die sie früher mit ihrem schrecklichen Benehmen vor den Kopf gestoßen hatte, konnte sie zurückgewinnen. Auf die Begleitung ihrer Tochter hatte sie schon bei der letzten Tour zu mir verzichtet, denn ihre Tochter wolle nur ihre Handlungen kontrollieren, sagte sie mir.

Oft hatte die Frau in der letzten Zeit geweint, weil sie erkannt hatte, mit ihrem eigenen Verhalten das Leben schier unerträglich gemacht zu haben. Mir sagte sie das mit einem Lächeln auf dem Gesicht. »Jetzt fühle ich mich sauwohl, obwohl ich nicht weiß, ob der Tumor ganz verschwinden wird«.

Ich habe diese Frau danach nicht mehr gesehen. Es kann sein, daß sie den Lebertumor nicht hat besiegen können, denn als sie zu mir kam, war schon ein fortgeschrittenes Stadium erreicht. Aber wer weiß! Sie hatte die Behandlung abgebrochen. Sie hatte sich beim letzten Besuch noch ausdrücklich bei mir bedankt. Sie habe Groll und Haß überwunden und sei mit sich im Reinen. Aus dem Drachen wurde in wenigen Monaten eine liebenswerte Frau. Sie hatte es verstanden, sich selbst zu verändern. Ich gebe zu, es ist sehr schwer zu verstehen, daß all die häßlichen Begleiterscheinungen, und ihr Tumor zuletzt, notwendig geworden waren, um diese Veränderung an sich vollziehen zu können. Ich habe ihr geholfen, doch die Kraft zur Veränderung hatte sie aufgebracht!

Es liegt in Deiner Hand!

Wenn wir über geistiges Heilen sprechen, muß ich noch einen Irrtum aufdecken. Es gibt wirklich Menschen, die begreifen das Heilen als neuen Selbstbedienungsladen. Jetzt gibt es nicht nur Ärzte, zu denen man gehen kann, jetzt gibt es auch noch Heiler. Der gibt mir fünf Termine und danach kann mir nie wieder was passieren. Welch ein Irrtum!

Der Geistheiler ist weder die verlängerte »Werkbank« des Arztes, noch dessen Ersatz. Ich kann keine Zähne ziehen und kein gebrochenes Bein gipsen, auch kein Baby zur Welt bringen oder einen Schädel aufsägen. Der Geistheiler hilft bei der Mehrung deiner Selbstheilungskräfte und bei deiner Selbsterkenntnis, er öffnet dir die Augen. Der Heiler hilft dir, damit du in deinem Leben weiterkommst. Wenn deine Krankheit ein karmisches Thema hat, ein Thema, was du lösen willst, dann helfe ich, dein Bewußtsein und dein Verhalten zu verändern.

Wenn eine Krankheit dich darauf hinweist, dein Verhalten verändern zu müssen, dann begleite ich dich ein Stück auf deinem Weg der Erkenntnis, auf deinem Weg, dich endlich selbst zu lieben. Ich weiß nie, wann Spontanheilungen geschehen. Aber ich habe genügend erlebt. Nur kann man eine Spontanheilung bei mir nicht buchen, für kein Geld der Welt. Es gibt Menschen, die von einer Spontanheilung hören und sofort zu einem Heiler rennen, als wären sie garantiert die nächsten, die geheilt würden.

Nun sage nicht, du hättest noch nie was von dem Wallfahrtsort Lourdes gehört! Wie selten passiert es, daß da ein Gelähmter aus dem Rollstuhl aufsteht. Aber weil bei vielen der eigene Antrieb fehlt, reiht man sich lieber in die Schlange von Zehntausenden ein, immer in der Hoffnung, der Auserwählte zu sein, der von der großen Energie profitiert, die zweifellos vorhanden sein kann.

Jesus hat gesagt: »Heilt euch selbst!« Er ist nicht auf die Erde gekommen, um zu heilen, sondern um die Menschen auf den Weg zu Gott, also zu sich selbst, zu führen! Wir Menschen sind dafür da, selbst Verantwortung zu übernehmen, wie die Dame, von der ich im vorigen Kapitel gesprochen habe. Schwerkrank übernimmt sie endlich die Verantwortung für sich selbst und erlebt noch glückliche Momente! Natürlich hat sich diese Frau mit dem Lebertumor gern mit mir unterhalten. »Aber letztlich«, sagte sie mir, »liegt es in meiner eigenen Hand, was ich mit meinem Leben mache. Seit ich das begriffen habe, geht es mir viel besser. Übrigens kann man ja mit Ihnen auch sehr gut telefonieren!«

Viele Menschen haben leider Angst, sich zu verändern. Die Veränderung führe nicht ich herbei, wenn ich fünf Minuten mit jemandem spreche, das kann nur derjenige selbst. Ich helfe den Menschen durch meine Gegenwart und Ansprache Einsichten zu gewinnen und ihrem Leben eine Perspektive zu geben.

Auch die Interessierten, die mehrmals in meine Meditationsveranstaltungen kommen, erhalten keine Garantie für anhaltenden Erfolg in ihrem Leben. Wenn du wie ein Schaf zu lange dem Leithammel hinterherläufst, findest du allein nicht den richtigen Weg. In der Natur ist das einfacher. Wenn die Vogelmutter meint, ihr Küken könne fliegen, schubst sie es mit ihrem Hintern einfach aus dem Nest. Flieg oder stirb, gewissermaßen. Die kleinen Vögelchen übernehmen mit dem Selbstfliegen auch die Selbstverantwortung.

Bevor ein Mensch sein Elternhaus verläßt, werden Tausend Dinge besprochen, verworfen, abgewogen, hin- und hergewälzt, Vorteile und

Nachteile abgewogen. Und plötzlich ist der Knabe oder das Mädchen 30 und nicht einmal heiratsfähig. Ich sehe es als meine Aufgabe an, Menschen zu Entscheidungen zu verhelfen, den Schritt oder die Schritte müssen sie aber selbst gehen. So lange, wie du denkst, daß andere Menschen deine Arbeit verrichten, Entscheidungen in deinem Sinne treffen, immer für dich sorgen, dich allezeit lieben und beschützen werden, befindest du dich auf dem Holzweg. Du wirst dann so oft und so lange auf die Nase fallen, bis die Schmerzen dir zu der Erkenntnis verhelfen, endlich aufzustehen und deinen eigenen Weg zu gehen, ohne fremde Hilfe.

Ich höre dich schon mit deinen vielen »Ja, aber...«. Die »Abers« sind die kranke Oma, das kranke Kind, die eigene Erkrankung, jedweder Nachholbedarf usw. »Ja aber« heißt in Wirklichkeit »Nein« und entpuppt sich als Angst davor, Selbstverantwortung zu übernehmen, indem man auch anderen Verantwortung abnimmt. Der Sohn ist nämlich schon groß, die Oma gar nicht so krank, meine »Erkrankung« bringt mir nur die Aufmerksamkeit der anderen usw., du weißt sicher, was ich meine. Mit unserer Verhaltensänderung würde sich das ganze Drumherum verändern.

Wir müssen begreifen: Ursache und Wirkung – meine Gedanken haben Macht. Das, worüber ich nachdenke, hat Wirkung! Stelle ich mir andauernd vor, mein Sohn könne sich ja mal am Bein verletzen, dann wird das auch passieren, wir haben es schließlich so festgelegt. Das Kind wiederum lernt früh, Angst zu haben. »Der Papa und die Mama erst haben so Angst um mich!« Dadurch wird der Junge unsicher und stolpert! Besser wäre, du denkst nicht nur liebevoll an deinen Sohn, sondern sagst es ihm auch ab und zu und machst ihm Mut, alles zu schaffen, was er sich vornimmt. Das Unterbewußtsein wird auch über das Gehör beeinflußt!

So war das bei der älteren Dame auch, von der ich vorhin sprach. Ich habe Denkprozesse initiiert, sie hat sie aufgenommen und hat begriffen, daß Veränderung angesagt ist, weil ihr diese Veränderung gut tut. »Ich kann jederzeit ihre Hilfe in Anspruch nehmen, jetzt ist es nicht mehr notwendig!«, sagte sie. Sie hat ihre Seele geheilt, sie hat heute keine Angst mehr davor, so zu sein wie sie wirklich ist. Sie möchte um ihrer selbst willen geliebt werden, Ihre Erkrankung hat sie zumindest zurückgedrängt, wenn nicht gar gestoppt oder sogar – was ich ihr von Herzen wünsche – geheilt.

Wenn mir jemand sagt: »Ich weiß jetzt, wie es geht. Ich habe es selbst unter Kontrolle!«, dann weiß ich, daß die Person den Zugang zu sich selbst gefunden hat.

Aber wie sicher ist es, was ich da im Leben erreicht habe, was andere mir an Sicherheit versprechen? Versicherungen oder Abschlüsse oder Medikamente oder Ärzte? Alle delegieren die Verantwortung letztlich auf mich. Die Versicherungen regeln das mit dem Kleingedruckten, ein Hochschuldiplom ist auch nur ein Stück Papier ohne Garantien, Medikamente machen sich mit einem Schutzwall von Nebenwirkungen unantastbar vor Gericht und vor jeder Operation übernimmst du, nicht ganz freiwillig, auch noch die volle Verantwortung, wenn etwas schief geht.

Prüfe deshalb genau den, der Verantwortung für dich übernimmt und noch genauer den, der Verantwortung ablehnt oder delegiert. Ich wiederhole noch einmal meine Hochachtung vor den Schulmedizinern, was sie bei der Rettung von Menschenleben, bei Transplantationen, bei der Bekämpfung von Seuchen und Epidemien leisten.

Ich habe ein Bild vor mir, daß wir in Zukunft die Krankheit nicht mehr brauchen, um uns als Menschheit vorwärts zu entwickeln. Wir brauchen nicht die Krankheit und nicht die Fehler bei Operationen oder falsche Medikamentierung. Wir brauchen auch nicht den Haß und die Wut auf den, der Fehler gemacht hat. Wir brauchen den Gegenspieler von Haß und Wut. Wir brauchen Verzeihen und Verstehen.

Wir brauchen den größten Heiler – die Liebe! Wenn ich verzeihen kann, dann verstehe ich. Kann ich nicht verzeihen, muß ich an mir arbeiten, bis ich die Lernaufgabe verstanden habe, die sich dahinter verbirgt. Ich muß lernen, den anderen oder die Situation zu verstehen. Noch einmal führe ich die alte Dame an. Aus sich heraus hat sie ihrer »bösen« Mutter verziehen. Ein Leben lang hätte sie ihr den heißesten Platz in der Hölle gewünscht. Das hat sich geändert, sie hat keine Angst mehr davor, anzuerkennen, daß ihre Mutter nicht anders sein konnte in ihrem Umfeld. Sie hat gewissermaßen die Angst davor verloren, ihre Mutter zu lieben. Das konnte sie eben aber erst, als sie gelernt hatte, sich selbst zu betrachten in ihrer Zwiespältigkeit, sich anzunehmen und schließlich selbst zu lieben. Liebst du dich selbst – bitte auch bei Vorhandensein diverser Mängel oder Defizite, was schwer fallen kann – bist du auch in der Lage, andere bedingungslos zu lieben.

Anders gesagt: Erst dann, wenn ich mich, so klein und unscheinbar ich auch bin, hundert Prozent annehmen kann, bin ich auch in der Lage, die Hürden bei der Beurteilung anderer Menschen nicht zu hoch anzusetzen. Das kennst du doch bestimmt: Der oder die soll erstmal das und das ändern, anders machen, sich anders verhalten usw. Erst dann wärest du bereit, mit ihm zu reden, etwas für ihn zu tun, ihm beizustehen.

Wir selbst sind über die hohen Hürden nicht hinweggekommen und setzen dieses Trauerspiel bei anderen fort. Du mußt diesen Teufelskreis durchbrechen und damit anfangen! Wenn du es nicht tust, macht es keiner. »Liebe deinen Nächsten wie Dich selbst!« Für den anderen klingt das am Anfang vielleicht wie eine Bedrohung und er macht sich vor dir auf und davon. Er hat ein schlechtes Bild von dir. Das Problem muß aber gelöst werden. Jeder muß mit sich ins Reine kommen, muß liebesfähig werden. Dann wird dieser Spruch eine unglaubliche Kraft entfalten.

Jedes Individuum auf dieser Erde, jede Seele hat eine Aufgabe zu erfüllen. Jeder Einzelne verändert mit der Lösung seiner Aufgabe das Ganze. Wirfst du einen Stein ins Wasser, egal wie klein er ist, verursacht dieser Wellen. Sie erreichen das gegenüberliegende Ufer, auch wenn du das mit bloßem Auge gar nicht mehr erkennen kannst. Kleine Dinge verändern unser Leben. Nicht der Steinbrocken, der Sand bringt das Getriebe zum Stillstand. In unser Verhalten übersetzt heißt das: Die vielen unausgesprochenen Neins und die vielen oft zu laut ausgesprochenen Jas zu dem, was andere von uns verlangen, führen zu unserem inneren Stillstand. Wenn sie unkontrolliert und in Mengen in unser Leben hineinfließen, erzeugen sie unseren Unmut, sie bremsen uns nach und nach aus. Und wir wissen nie genau, was oder wer uns bremst.

Wenn wir bereit sind, auf die vielen kleinen Ungereimtheiten zu achten, die »Sandkörner«, und bereit sind, einen ganzen Koffer voll davon auszuschütten, befreien wir uns von unnötigem Ballast. Wir richten uns auf und vertrauen unserer Kraft. Du zählst nur auf dich (bevor du dich mit anderen verbündest). Du bist deine einzige Stabilität.

Du bist der einzige, der in deinem Leben zu Hundert Prozent bei allem dabei ist, allen Frust, alles Miese, alle Niederlagen miterlebt. Alles

Schöne auch, stimmt, aber zu mir kommen vor allem die, denen es daran mangelt. Wir dürfen alle großartig sein. Wir sind auch alle großartig. Nur trau dich auch, deine Großartigkeit zu leben. Dann wirst du erleben, was alles passiert, was um dich herum geschieht, wie sich alles beschleunigt. Lade dir nie mehr Ballast auf, hebe nicht alles für deine Zukunft auf, erledige es hier und sofort, gewissermaßen vor Ort, den du kennst und durchschaust.

Werde dir bewußt: Du bist der große Magnet. Du kannst über dein Sprechen handeln. Du bestimmst, was deine Gedanken anziehen sollen. Mach dir ab jetzt Gedanken, was die Zukunft dir bringen soll. Sei dir über Ursache und Wirkung bewußt. Was du säst, das erntest du.

Wirklich, es liegt alles in deiner Hand!

Ein neues Zeitalter für den »Schulungsplaneten Erde«?

Antonio Landa wäre ein schlechter Heiler, wenn er selbst nicht auch träumen würde von einer besseren, gerechteren Welt. Dieser Traum begleitet die Menschheit seit Beginn. Es scheint so, als entfernten wir uns von der Verwirklichung dieses Traumes immer weiter. Die Zerstörung der Umwelt wird selbst unserer Kanzlerin immer bewußter, zuletzt als sie einen abschmelzenden Gletscher ins Meer stürzen sah. Die Indianer haben wir weggekriegt, die noch vorhandenen Naturvölker haben wohl kaum eine wirkliche Chance. Und dennoch träume ich von dem neuen Zeitalter, ich weiß sogar, daß es kommen wird, weil es kommen muß.

Wie lange wir auf dem »Schulungsplaneten Erde« noch Erfahrungen sammeln müssen, bis die alte Ordnung zerbricht, das weiß ich natürlich nicht. Was ich weiß, ist, daß sich das Bewußtsein der Menschheit entwickelt durch die Erfahrungen, die unsere Seelen nach und nach auf der Erde sammeln. Und jetzt wird es spannend! Es kommt gerade auf dich an, wie lange wir noch in so ungerechten Verhältnissen aushalten müssen. Du bist ein Teil der Summe. Veränderst du dein Bewußtsein nicht, verlängert sich die Zeit. Mir ist schon klar, daß wir einfachen Menschen es sehr schwer haben. Die Mächtigen dieser Erde, die Mächtigen in unserem eigenen Land haben ein Wirtschafts- und Gesellschaftssystem etabliert, das ihnen maximale Gewinne garantiert, mit allem gesetzlichen Hintergrund.

Die Manipulation geht so weit, daß Unternehmen »Gewerkschaften« bilden, die gegen Mindestlöhne für sich selbst demonstrieren! Hast du das kapiert? In den Oktobertagen 2007 war das in Berlin zu beobachten. Das waren Briefzusteller des Unternehmens PIN. Wie von Zauberhand hatte diese »Gewerkschaft« schon vor ihrer Gründung eigene Räume, Telefonnummern, Drucksachen usw. Das Argument für die Demonstration war, kriegen wir mehr Geld, verlieren wir unseren Job. Lieber einen Job knapp am Existenzminimum als daheim sitzen! Ich erwähne das nur, um die Perversität »unternehmerischen« Denkens darzulegen. Es geht nur um noch mehr Gewinn!

Ich sage das nicht leidenschaftslos, wenn auch mit einer gewissen Gelassenheit. Wenn die PIN-Leute so eine Erfahrung machen müssen, bevor sie für höhere Löhne auf die Straße gehen werden, dann ist es eben so.

Eine neue Weltordnung wird die alten Systeme und deren Dirigenten nicht brauchen können. Das wissen die auch und tun alles, um an der Macht zu bleiben. Nicht mehr und nicht weniger. Wenn ich mir meine Patienten anschaue, dann weiß ich schon, wonach die sich sehnen. Und ich helfe ihnen dabei, sich so zu sehen und zu beurteilen, daß sie für die neue Welt geeignet sind. Und wenn sie für die neue Welt geeignet sind, können sie sich auch jetzt wohlfühlen, es jedenfalls immer besser hinkriegen. Mir fallen etliche Sachen ein, die uns von dieser neuen Welt trennen.

Wir lassen zu, daß vor Grönland Krabben gefangen werden, die in Marokko geschält und in Deutschland gegessen werden. Wir lassen zu, daß jährlich bundeslandgroße Waldflächen gerodet werden, damit wir wetterharte Gartenmöbel in unser kleines Gartenparadies stellen können. Unsere Autos verpesten die Atmosphäre. Das atomare Vernichtungspotential wächst, obwohl der Kalte Krieg vorbei sein soll. Großmächte erfinden immer neue Lügen, um Konfliktherde beizubehalten oder neue zu schaffen. Rassismus bleibt an der Tagesordnung.

Warum erzähle ich dir das? Du weißt es wie ich. Was du vielleicht nicht weißt, habe ich in diesem Buch schon anklingen lassen. Du bist auf dieser Welt, um durch deine Erfahrung das Bewußtsein der Menschheit anzuheben. Du erinnerst dich an meine Schilderung des »Planungstisches« in der geistigen Welt, an dem sich eine Seele entschieden hat, in deinen Körper zu inkarnieren?

Ich selbst habe lange nicht verstanden, daß etliche von uns ein »schlimmes« Schicksal erleiden müssen, weil sie es sich so ausgesucht haben. Ich gebe zu, es ist immer noch schwer zu verstehen. Wer will schon Krebs haben oder einen schweren Autounfall oder Untreue oder körperliche Behinderungen erleben müssen? Aber stell dir vor, kein einziger von uns wäre je krank gewesen, hätte nie Elend erlebt, wie sollte er dann Glück und Gesundheit schätzen können? Ich habe Menschen kennengelernt, die eben ein solches Karma besitzen, negative Erfahrungen machen zu müssen, um daraus zu lernen. Wenn sie das verstanden haben, lernen sie, mit diesem Karma zu leben, besser damit umzugehen. Und andererseits lernen die Mitmenschen, den Betroffenen besser zu behandeln, als sie es bisher taten. Tugenden wie Mitgefühl und Hilfsbereitschaft können sich entwickeln.

Ich habe gelernt, daß von Prostatakrebs betroffene Männer vor ihrer Erkrankung gern viel Macht über andere ausgeübt haben. Sie lernen mit der Krankheit, Macht abzugeben, die Macht über andere als etwas Unmoralisches zu begreifen. Gleichzeitig lernen sie, anderen Menschen zu vertrauen, der Partnerin zum Beispiel. In meiner Praxis tauchten solche Männer auf, die viele Jahre führende Positionen in großen Konzernen innehatten und mit 50 Jahren erstmal am Ende ihrer Kräfte waren. Sie hatten die Sinnlosigkeit ihres Tuns begriffen, sinnlos im Sinne des Vorankommens der Menschheit als solidarische Gemeinschaft. Einige dieser Menschen haben nach dieser Erkenntnis wirklich gute Dinge für die Menschen auf den Weg gebracht.

Ich bin wirklich gespannt, wie lange die Menschheit das viele Leid noch aushält, was ihr durch wenige Mächtige angetan wird, bevor sie auf die Straße geht, deutlicher, bevor sie sich eine neue Ordnung gibt.

Alles ist miteinander verwoben: Reinkarnation, persönliche Herausforderungen, die Aufgabe, das Weltbewußtsein zu verändern, unser Verhältnis zur Erde, die wie wir ein lebender Organismus ist. Noch duldet uns unsere Erde, sie »erträgt« uns im wahrsten Sinne des Wortes, obwohl sie immer deutlichere Signale aussendet, sich mit ihr lieber zu versöhnen. Ohne uns Menschen erginge es der Erde natürlich viel besser. Noch ist sie bereit, unsere »Schulung« zum besseren Menschen mitzutragen. Also fange, bitte, jetzt an, nicht gleich alles wegzuwerfen, sparsam mit Verbrauchsmaterialien umzugehen. Was macht dir schon der Spott der dummen Nachbarn aus. Du bist der Klügere, du siehst in die Zukunft, du denkst an deine Kinder und Kindeskinder. Du bist ein Teil der großen Summe, es kommt erst einmal auf dich an!

Zu mir kommen Menschen, die sagen: »Hör mal, meine Oma ist krank, mach sie doch, bitte, wieder gesund!« Ich finde es gut, wenn sich einer um des anderen Gesundheit kümmert, doch ich sage ihm dann auch gleich, die Oma müßte auch schon selbst kommen, denn nur sie bestimmt, welches Maß an Energie sie sich wünscht, ob sie es zuläßt, sich zu verändern. Auch, wenn sie schon Oma ist, ist das so. Keiner von uns weiß alles, viele wissen sogar ziemlich wenig von sich und den Zusammenhängen dieser Welt.

Du weißt doch, es geht hier um die Zukunft der Erde, um die Schaffung eines neuen Bewußtseins. An dem bauen Oma, Sohn und Enkel gleichermaßen. Keiner ist zu jung, keiner zu alt, keiner zu schwach oder unbedeutend. Wenn die Menschen hier vor mir sitzen und ich sie direkt ansprechen kann, kommen beim zweiten oder dritten Mal Dinge rüber, die sie selbst erstaunen. Gerade bei Leuten, die bereit sind, tiefer über sich nachzudenken, kommen Dinge zum Vorschein, die sie über sich hinaus wachsen lassen.

Bei Parties habe ich oft die Beobachtung gemacht, daß sich Menschen ähnlichen Typus zueinander gesellen. An dem einen Tisch sitzen die griesgrämigen, denen es schlecht geht, die keine Zukunft haben, und an dem anderen die Sonnenscheinchen. Hier die Pessimisten, da die Optimisten. Es mag etwas zugespitzt erscheinen, Tatsache ist aber, daß Menschen mit dem gleichen Karma sich anziehen. Sie verstärken gewissermaßen durch die anderen ihr eigenes Schicksal. Sie bestätigen sich gegenseitig ihr mieses Schicksal. Wie sollen die da jemals rauskommen? Sie saugen sich gegenseitig an und irgendwie auch aus. Sie vermehren ihre Schwächen.

Beobachte das mal auf der nächsten Party, sag mir danach, an welchen Tisch es dich gezogen hat! Oder ob du die Kraft hattest, dich zu verweigern! Dann gratuliere ich dir, du bist auf dem Weg zu dir selbst. Du siehst über deinen eigenen Tellerrand hinaus. Entferne dich mal ein Stück aus deiner gewohnten Umgebung, dann siehst du die Realität bald genauer, weil du die Zusammenhänge erkennst. Es ist wie beim Billard. Fehlt dir die Idee zum nächsten Stoß, gehst du einmal um den Tisch herum, erkennst die verschiedenen Spielmöglichkeiten und triffst danach sehr genau. Du warst bereit zu lernen und hast gewonnen. Wer den »Umweg« um den Tisch nicht macht, verspielt den Ball.

Übertragen auf deine karmische Situation heißt das: Erst, wenn du bereit bist, deine Situation so zu sehen wie sie ist, zum Beispiel sauschlecht, und du sie verändern willst, wirst du in der Lage sein, deine Situation zu verändern, zu verbessern. Das Außen, die Umwelt – bitte auch die Arbeitslosigkeit – sind da! Wenn du dich nicht bewegst, bleibst du, wo du bist. Bewegst du dich, veränderst du dich, kann sich etwas zum Guten für dich verändern. Kann sich verändern. Tust du nichts, wird sich garantiert auch nichts für dich zum Guten verändern. Auch eine kleine, eine winzige Veränderung ist mitunter der Beginn eines völlig neuen Weges.

Ob wir es wollen oder nicht, ob wir es wissen oder nicht: Wir arbeiten auf eine neue Weltordnung hin, auf ein neues Zeitalter, und du bestimmst mit deinem Denken und Handeln deinen Anteil daran. Je eher du damit anfängst, desto besser ist es für dich.

Tu's!

Du hast mich in diesem Buch ein wenig kennengelernt: Als eher schlechten Schüler, der besser zeichnen als schreiben konnte, als Heranwachsenden, der mehr Prügel als Liebe erhielt. Ich schilderte die idiotische Ausbildung zum Postjungboten. Du hast erfahren, daß ich mich mit dem Verlegen von Telefonleitungen zum ersten Mal ohne direkte Kontrolle von Vorgesetzten frei bewegen konnte und daß ich mich als Fitnesstrainer ohne große Vorkenntnisse gemeinsam mit meinem Kompagnon Stefan selbständig machte. Dann brauchte es noch einige Jahre, um meine heilerischen Fähigkeiten zu erkennen und zu entwickeln. Ein Entwicklungsprozeß von fast vier Jahrzehnten! Kein Tag war zu lang oder zu kurz. Alle Erfahrungen waren nötig, um zu reifen. Nur gut, daß mir keiner prophezeit hat, daß es so lange dauern würde!

Es liegt auch in deiner Hand, also tu's einfach!

Du mußt deshalb nicht studieren, keinen kostenpflichtigen Lehrgang besuchen. Was es dich kostet, ist:

Nachdenken über dich, Ehrlichkeit, der Wille zur Veränderung. Ein Blatt Papier noch und einen Stift, wenn du magst, ein Foto von dir. Du mußt dir sagen: Diesmal bewege ich meinen Hintern nur für mich!

Das Universalgenie Leonardo da Vinci empfahl die Methode, über die wir gleich sprechen werden, schon vor 500 Jahren.

Ungezählte Philosophen bis in unsere Zeit hinein schätzen die sogenannte Affirmation, frei übersetzt mit »positiver Lebensbejahung«. Die Protestbewegung der schwarzhäutigen Bevölkerung in den USA benutzte ihren Slogan »Black is beautyful«, »Schwarz ist wundervoll«, um das Selbstwertgefühl der diskriminierten Farbigen zu stärken. Die

Älteren unter uns konnten miterleben, wie die schwarze Bevölkerung in den USA in den letzten Jahrzehnten an Einfluß in Staat und Politik gewonnen hat.

Und wie ist das mit dir? Du mußt einfach wissen, daß unser Unterbewußtsein keine Verneinung akzeptiert. Es verlangt nach positiven Formulierungen – in der Gegenwartsform ausgesprochen.

Also zum Beispiel: Ich bin gesund! Ich bin glücklich!

Dein berechtigter Einwand: »Ich bin weder gesund noch glücklich!«. Aber genau hier setzt die Affirmation an! Indem du regelmäßig wie ein Gebet deine kurzen Sätze sagst, löschst du alte Glaubenssätze, die von außen her durch immerwährende Wiederholungen an dich herangetragen und so in dein Unterbewußtsein programmiert wurden. Du bist im Moment also wirklich nicht sehr glücklich und auch ein wenig krank. Dein Unterbewußtsein wird aber mit Hilfe der Affirmation vom Verstand nicht mehr gebremst. Es »glaubt« mit der Zeit, daß du gesund und glücklich bist. Und jetzt das Verrückte: du fühlst dich, vom Unterbewußtsein bestärkt, glücklicher und gesünder als bisher und das Allerschönste: du bist es auch! Deine Körperzellen verändern spürbar ihre Struktur zum ganzen Organismus.

Mit meinem durch Affirmation geäußerten ersten Wunsch veränderte sich auch mein Leben komplett.

Wenn sich bei dir das Glück einstellt, sagst du mir dann Bescheid? Willst du gleich anfangen?

»Ich danke für all die guten Dinge, die jetzt in meinem Leben geschehen!

Ich bin gesund!

Ich bin glücklich!

Ich bin schön!

Ich bin frei!

Ich habe Geld!

Ich bin im Fluß des Lebens!«

★

Reicht dir das nicht, fügst du ein »vollkommen« ein. Zum Beispiel:

»Ich bin vollkommen glücklich!«

Du kannst auch sagen:

»Ich bin wunderschön! Ich bin es wert, geliebt zu werden!«

Gut wäre, wenn du dir einige Wünsche notierst, mit dir herumträgst oder an den Spiegel klebst.

Du manifestierst damit deine Wünsche. Aus deinen Gedanken wird nun Realität, Materie. Denn der Geist hat Macht über die Materie. Vor allem denkst du jetzt über Dinge nach, die du wirklich möchtest.

Auch wenn du die Sätze schon auswendig kannst, nimm den Zettel nicht ab, trage ihn weiter bei dir. Die Wiederholung ist wichtig. Zu Beginn zweifelst du vielleicht am Sinn der Affirmation. Bleibst du dabei, wirst du um so mehr beschenkt werden.

Was ich dir hier gesagt habe, gilt nur für dich. Du bist dabei, deine Lernaufgabe zu erfüllen. Kümmere dich um dich, du sollst erfolgreich werden. Übertrage deinen Teilerfolg nicht gleich auf die anderen Menschen, auf Oma, Opa, Hund und Katze.

Es gibt keine Affirmation: Du bist maßlos glücklich, Du bist steinreich oder so. Es geht nicht um irgendeinen anderen, es geht um dich!

Du hast das Buch bis hierher gelesen. Es wurde für dich geschrieben. Wenn ein anderer sich auf den Weg macht, sich zu verändern, wird er das Buch lesen.

Ich bin sogar überzeugt, daß ein anderer das Buch nicht nur nicht kaufen, sondern nicht einmal lesen würde, selbst, wenn du es ihm schenken würdest. Du kannst es keinem befehlen, er muß es selbst wollen! Jeder trägt für sein Leben die Verantwortung. Auch für das, was er liest oder nicht.

★

Ich mache dich gleich noch auf etwas aufmerksam, das so sicher kommen wird wie das Amen in der Kirche: Stellen sich bei dir Erfolge ein, heben andere sofort die Hand und erklären dir, was mit dir los ist. Da die Hand fünf Finger hat, stellen sie gewissermaßen fünf Stufen dar, um dich zu verunsichern:

1. Man lacht dich aus!

»Jetzt hast Du wieder mal was gefunden, was Du sowieso nicht durchhältst. Du bist wieder einmal auf etwas hereingefallen. Du bist so leichtgläubig, Dir kann man einfach alles verkaufen. Du bist ein richtiger Sektentyp.«

2. Man wird böse auf dich!

»Hör endlich auf mit dem Scheiß, das gibt es doch sowieso nicht. Wieder so ein selbsternannter Guru, der an dir viel Geld verdient. Lass mich damit jedenfalls in Ruhe. Wenn ich mir vorstelle, wie du dich verändert hast. Auf einmal willst du mitreden, hattest doch sonst keine Meinung!«

3. Man Ignoriert dich!

»Ich will nichts mehr darüber hören, lass mich mit dem Mist in Ruhe.«

4. Man verhöhnt dich!

»Es gibt Menschen, die »wirklich« etwas davon verstehen. Habe ich selbst im Fernsehen gesehen! Das klang da ganz anders als der Quatsch, den Du da erzählt hast. Die haben vor den Scharlatanen gewarnt, denen Du offensichtlich auf den Leim gegangen bist! Mir könnte so etwas nicht passieren!«

5. Man schmeichelt dir!

»Ich habe schon immer an solche Sachen geglaubt, nur konnte ich ja mit keinem darüber reden, ich wäre ausgelacht worden. Übrigens habe ich gehört, daß einige Menschen auf diese Weise sehr wohlhabend geworden sind!«

★

Gerade in einer Umbruchzeit bist du natürlich vor »Ratschlägen« nicht sicher. Man muß sich solchen Ratschlägen aber auch nicht bewußt aussetzen.

Für mich ist das heutige Fernsehen ein »Ratgeber« allererster Güte, dem ich mich, so weit es geht, entziehe. Auch dir würde ich das empfehlen, oder brauchst du Mord, seelische Grausamkeiten, Intrigen, Vergewaltigung, Blutorgien, Massaker und die manipulative Wirkung der Werbung? Auch die schlüpft in dein Unterbewußtsein und weckt sinnlose Wünsche.

★

Nicht du beherrschst das Fernsehen, es beherrscht dich!

Werde und bleibe Herr deiner Gedanken!

Du kannst ganz schnell selbst feststellen, was dich voranbringt und was dich bremst, indem du dir ein paar Fragen beantwortest.

Frage dich mal, ob ein ganz zufriedener, glücklicher Mensch häufig krank wird oder ein immer nörgelnder, mürrischer Mensch vor Gesundheit nur so strotzt.

Haben persönliche Sorgen und Angst jemals Entwicklungen unterstützt und Lösungen hervorgebracht?
Haben im Gegenteil nicht Vertrauen, Zuversicht und Mut Entwicklungen erst möglich gemacht und vorangebracht?

Hast du dir schon einmal die Videospiele deiner Kinder angeschaut? Glaubst du wirklich, daß dein Kind durch Gewaltvideos sanfte Wege zur Konfliktlösung lernt? Kann es sich durch die massive visuelle und akustische Manipulation überhaupt ein Leben ohne Gewalt vorstellen? Wird hier nicht der Samen gesät für eine spätere Entscheidung als Erwachsener, wenn Politiker Zustimmung für Aufrüstung und militärische Gewalt einfordern?

Eine Bedrohungslüge ist schnell formuliert. Wenn du glaubst, das sei alles Quatsch, dann schau in die USA.

★

Bei deiner Selbstfindung solltest du auch auf die Wechselwirkung zwischen deinen Wünschen und der Wirklichkeit achten:

- Ich möchte Menschen helfen, bedeutet, daß du immer häufiger Menschen in ausweglosen Situationen um dich hast.
- Ich möchte ein abenteuerliches Leben, bedeutet, daß du die längste Zeit in geregelten und geordneten Verhältnissen lebst und du zu jeder Zeit vor fast unlösbaren Aufgaben stehst.
- Ich möchte gerne Menschen heilen, bedeutet, daß du immer öfter zu unmöglichen Zeiten von Menschen gerufen wirst, die scheinbar unheilbar krank sind und dir ihr Leid klagen wollen.

- Ich möchte gerne reich sein, bedeutet, daß du in Deinem Leben bald mehr Kontakt zu Schnorrern, Betrügern oder Heiratsschwindlern haben wirst, als dir lieb ist.
- Ich möchte berühmt sein, bedeutet, daß du das letzte Mal unbeobachtet in deinem abgewetzten Jogginganzug laufen kannst oder ein Eis ißt, weil jeder schaut, ob es schon auf deiner Hüfte gelandet ist.

★

Wenn du hingegen dein neu gewonnenes Selbstbewußtsein mit Bitten untermauerst, wie ich es tue, bist du auf dem Weg!

Ich bat um Kraft...
und Gott gab mir Schwierigkeiten,
um mich stark zu machen.

Ich bat um Weisheit...
und Gott gab mir Probleme,
um sie zu lösen.

Ich bat um Wohlstand...
und Gott gab mir Kopf und Muskeln,
um zu arbeiten.

Ich bat um Mut...
und Gott gab mir Gefahr,
um ihr gegenüberzustehen.

Ich bat um Liebe...
und Gott gab mir Menschen mit Problemen,
um ihnen zu helfen.

Ich bat um Hilfe...
und Gott versprach sie mir,
wenn ich mich bemühen würde.

ANHANG

Berühmte Legastheniker

1. **Johannes Gutenberg**
(zwischen 1397 und 1400 -1468, Erfinder der Buchdruckkunst)

2. **Albert Einstein**
(1879 – 1955, deutscher Physiker,
Entdecker der Relativitätstheorie)

3. **Alfred Hitchcock**
(1899-1980, britischer Filmregisseur und Filmproduzent)

4. **Ernest Hemingway**
(1899 – 1961, amerikanische Schriftsteller)

5. **Francois Mitterrand**
(1916 – 1996, französischer Staatspräsident)

6. **Tom Cruise**
(amerikanischer Filmschauspieler)

7. **Michael Jackson**
(amerikanischer Pop-Sänger)

8. Diego Maradona

(argentinischer Fußballstar)

9. Leonardo da Vinci

(1452-1529, italienisches Universalgenie)

10. Jackie Stewart

(Formel 1 – Weltmeister)

11. Agatha Christie

(1890-1976, englische Krimiautorin)

12. Hans Christian Anderson

(1805 – 1875,dänischer Schriftsteller)

13. George W. Bush

(41. USA- Präsident)

14. Victoria von Schweden

(Kronprinzessin)

15. August Rodin

(1840 – 1917, französischer Bildhauer,
u.a.: »Der Denker«)

16. Whoopi Goldberg

(amerikanische Filmschauspieler)

17. Steven Spielberg

(amerikanischer Filmregisseur)

18. Dustin Hoffman

(amerikanischer Filmschauspieler)

19. Walt Disney

(1901 – 1966, amerikanische Trickfilmproduzent)

20. Franklin D. Roosevelt

(1882 – 1945, amerikanischer Präsident)

21. John Lennon

(1940 – einer der vier Beatles)

22. Steven Hawkins

(Astro-Physiker in Cambridge, England)

23. Charles Darwin

(1809 – 1882, britischer Naturforscher und Begründer der Evolutionstheorie)

24. Napoleon Bonaparte

(1769 – 1821, französischer Feldherr und Kaiser)

25. Bill Hewlett

(Mitbegründer von Hewlett-Packard)

26. John Irving
(amerikanischer Romanautor)

27. Jürgen Fliege
(deutscher Pfarrer und Autor)

28. Nigel Kennedy
(Geigenvirtuose)

39. Ingvar Kamprad
(schwedischer IKEA-Gründer)

30. José Antonio Landa
(deutscher Heiler, der bescheiden an Menschen wirkt)

Bildquellennachweis:

Umchlagseite 4, Seite 53: studio157.de

Seite 21, 27, 35: privat

Seite 209: viewlab@mac.com (M. Garling)

José Antonio Landa im Dezember 2007

DEMNÄCHST:
»Umarmung ausdrücklich erwünscht!«

Dies ist die Aufforderung, mit der ich seit Jahren auf Vorträgen, Messen und Veranstaltungen die Menschen in Bewegung bringe.

Die Teilnehmer erleben selbst, daß Heilung ganz einfach ist und Spaß machen kann. Es geht natürlich um das »Tu's!«

Das Buch wird dich beflügeln und tiefes Selbstvertrauen in dir entfachen. Bist du ungeduldig und möchtest du schon vor dem Erscheinen meines zweiten Buches **Umarmung ausdrücklich erwünscht** meine Heilweise erlernen, um Menschen zu heilen und glücklich zu machen?

Infos und Termine über Seminare,
Vorträge und Workshops unter
www.ja-landa.de

Das vorliegende Buch ist unter www.amazon.de
unter Angabe der ISBN-Nummer 978-3-00-022955-8
oder Eingabe des Buchtitels zu beziehen